Control de la ira

La guía de supervivencia para superar la ira y la ansiedad en 72 horas [Anger Management, Spanish Edition]

Aníbal Mida

Nota legal

La información contenida en este libro y su contenido no está diseñado para reemplazar o tomar el lugar de cualquier tipo de consejo médico o profesional; y no pretende reemplazar la necesidad para el consejo médico profesional, financiera, legal o de otro independiente o en un servicio, como puede ser requerido. El contenido y la información de este libro se ha proporcionado con fines educativos y de entretenimiento.

El contenido y la información contenida en este libro ha sido recopilada de fuentes consideradas fiables, y es exacta al leal saber y entender, la información y la creencia del autor. Sin embargo, el autor no puede garantizar su exactitud y validez y no se hace responsable de los errores y / u omisiones. Además, los cambios se realizan periódicamente a este libro como y cuando sea necesario. Cuando sea apropiado y / o necesario, se debe consultar a un profesional (incluyendo, pero no limitado a su médico, abogado, asesor financiero o cualquier otro asesor profesional) antes de usar cualquiera de los remedios sugeridos, técnicas, o información en este libro.

Al utilizar los contenidos y la información contenida en este libro, se compromete a mantener indemne al autor de y contra cualquier daño, costos y gastos, incluyendo honorarios legales potencialmente resultantes de la aplicación de cualquiera de la información proporcionada por este libro. Esta declaración es válida para cualquier pérdida, daño o perjuicio causado por el uso y aplicación, ya sea directa o indirectamente, de cualquier consejo o información que se presenta, ya sea por incumplimiento de contrato, agravio, negligencia, lesiones personales, criminal, o bajo cualquier otra causa de acción.

Usted se compromete a aceptar todos los riesgos del uso de la información que se presenta dentro de este libro.

El usuario acepta que al continuar a leer este libro, cuando sea apropiado y / o necesario, se consultará a un (asesor o cualquier otro asesor, según sea necesario, incluyendo pero no limitado a su médico, abogado o financiera) antes de usar cualquiera de los remedios sugeridos , técnicas, o información en este libro.

Tabla de contenido

Descripción del libro

Este libro le ayudará a rediseñar esa energía, lo ve como lo que es, y le permiten gestionar la ira y otras emociones difíciles. Una forma importante vamos a lograr que juntos es mediante la investigación profunda de la verdadera naturaleza de la ira. La energía que se manifiesta como la ira tiene muchos componentes.

Existe la biología de lucha o huida y el cerebro y el cuerpo increíbles cambios que vienen con ese instinto de supervivencia. No es la psicología del bien y el mal, a mi manera o la carretera, la justicia y la injusticia, y todas las otras distinciones binarias que traen conflicto. No es la falta de comprensión de la ira de ser sólo alrededor de la rabia y de actuar que rabia.

La verdad es que la ira implica un continuo de emociones humanas y experiencia. Cuando entendemos que profundamente, estamos en condiciones de hacer frente a todos los elementos de ese continuo con el fin de llegar con el mejor plan de manejo de la ira.

INTRODUCCIÓN

La atención plena, una mejor práctica ideó hace casi 2.600 años en el norte de la India, es una herramienta clave para la investigación de la ira como un componente de toda nuestra experiencia emocional. En los términos más simples, la atención es una manera de dirigir la atención hacia una experiencia y, al hacerlo, el desarrollo de una distancia sin prejuicios de ella como algo separado de ti. Buda y los que han enseñado la atención sobre los siguientes milenios encontraron que la ira y sus emociones, los relacionados considera indeseable o negativo-son, de hecho, una parte integral de la experiencia humana e igualmente merecedores de nuestra atención e investigación. Él encontró que si nos volvemos hacia estas emociones en lugar de huir de ellos, si ponemos atención consciente sobre ellos con una actitud de bondad, este movimiento al parecer contrario a la intuición pondrá fin a nuestro sufrimiento. En este caso,

Así, a medida que desarrollamos un plan para esta poderosa emoción conocida como la ira, la pregunta guía central se convierte en: ¿Cómo podemos dirigir nuestra mirada hacia la ira y otras emociones fuertes sin llegar a ser arrastrados por ellos y sus pensamientos acompañan, sentimientos y sensaciones corporales? Este libro está diseñado para revelar la respuesta a esa pregunta.

Mientras caminamos juntos a través de este proceso, usted aprenderá las habilidades básicas y más avanzadas de atención plena. A medida que avanzamos, las habilidades iniciales de simplemente darse cuenta de que su experiencia le ayudará a obtener un alivio inmediato de los síntomas, si los síntomas son el resentimiento, depresión, ansiedad u otros problemas relacionados con la ira. También se le construcción de las bases de una estrategia de manejo de la ira a largo plazo que es único a sus circunstancias. Esto se verá facilitado por tener una variedad de estrategias para elegir, empezando por el simple conteo de camino a un momento de meditación en la auto-compasión y la bondad. Ya sea que sus síntomas son episodios de la rabia, la ira en sí mismo, una incapacidad de sentir su propia ira, o cualquier otra cosa, y las habilidades en este libro le ayudará.

Capítulo 1: Conceptos básicos de la cólera

Me gusta pensar en la ira como una emoción subjetiva, a pesar de que es algo que todos experimentamos como seres humanos. La ira puede ser una emoción universal, pero también es subjetivo y único para cada individuo. Lo que hace enojar no puede hacer otra persona enfadada. Esto es una cosa acerca de la ira, que mucha gente no puede entender.

Cómo los seres humanos experiencia de la ira es muy diferente, con diferentes grados de intensidad, duración y frecuencia. El umbral de la ira de cada persona también varía, incluyendo lo cómodos que son los sentimientos de enojo. Algunas personas están en un constante estado de ira, mientras que otros rara vez se enojan a menos que estén profundamente provocaron.

La ira como una emoción puede variar de leve molestia a la ira o la rabia extrema. Según el diccionario, la ira es "una fuerte sensación de desagrado o la hostilidad." A partir de esta definición, ya se puede decir que la ira es algo que se experimenta cuando algo no sucede de la manera que le gustaría.

A pesar de que usted puede considerar la ira una emoción no deseada, en realidad es muy natural. He conocido a muchas personas que piensan que la ira es una emoción abominable, que nunca deben ser capturados expresar o experimentar. Esto es comprensible, teniendo en cuenta la forma en que la sociedad y el mundo en general vista ira.

Sin embargo, los expertos describen la ira en gran medida esta emoción como una emoción básica y natural que existe para promover y asegurar la supervivencia humana, evolucionando a través de años de desarrollo humano. La ira es una emoción significaba para protegerle de peligro percibido, daño o herida.

Hay tantas cosas básicas que la gente no puede entender acerca de la ira, y esta incapacidad para entender los combustibles ira el error que se comete muchos acerca de la ira. Para conocer plenamente manejo de la ira, es importante primero entender la ira como una emoción. Este es un requisito básico para el manejo de la ira, porque, como siempre digo, no hay ninguna manera se puede controlar algo que no entiende.

En primer lugar, es necesario comprender que la ira es una emoción básica. Según los psicólogos, las emociones básicas son aquellas emociones que son universalmente reconocidos y asociados con ciertas expresiones faciales.

Aparte de la ira, las otras emociones básicas son el miedo, la alegría, la tristeza, el desprecio, y la sorpresa. Una cosa común a todas estas emociones es que tienen expresiones faciales específicos que son reconocidos con ellos. Cuando una persona está enojada, normalmente se puede decir de su expresión facial.

Otra cosa sobre la ira y otras emociones básicas es que por lo general vienen con las respuestas de comportamiento específicas. Sin embargo, también pueden desencadenar otras expresiones, además de las expresiones faciales universalmente reconocidos, las respuestas fisiológicas, y las respuestas de comportamiento.

La ira es una emoción también en gran medida malentendida, que a menudo se confunde con la agresión. Mientras que usted puede pensar que la ira es una emoción poco saludable, que es, de hecho, saludable y muy diferente de la agresión o la violencia. La ira se vuelve agresivo o violento, dependiendo de cómo reaccionar ante ella.

Voy a hablar más sobre esto a medida que avanzamos en el libro, pero una diferencia a tener en cuenta acerca de la ira y la agresión es que la agresión por lo general viene con la intención de daño a alguien o algo, mientras que la ira es una emoción que se experimenta cuando se le trata injustamente.

Al contrario de lo que puede pensar, como muchas otras personas, la ira no es una emoción inherentemente malo o negativo. La creencia de que la ira es una emoción mala es una idea falsa general la mayoría de la gente tiene acerca de la ira. Sin embargo, la ira es una emoción normal; es valioso y crucial para la supervivencia humana.

También puede expresar la ira de diferentes maneras, dependiendo de su elección y la reacción a la ira. Una de las muchas razones por las que la mayoría de la gente confunde la agresión y la ira es porque creen que la ira sólo puede ser expresada de forma agresiva o violenta. Sin embargo, se puede expresar la ira en una variedad de maneras sanas y no agresivos.

IRA FAQ (Frequently Asked Questions)

En la búsqueda para entender la ira, hay ciertas preguntas más frecuentes que las personas representan para los expertos de ira. Conocer las respuestas a estas preguntas le da una visión más abierta hacia la ira y la ira. Voy a estar hablando de estas preguntas y dar respuestas adecuadas a fin de fomentar ayuda a entender esta emoción y el gran error al respecto.

• ¿Por qué me enojo?

Esta es una de las preguntas más comunes acerca de la ira. Sí, ¿por qué te enojas? Naturalmente, experimenta rabia cuando percibe un mal o injusta situación. La gente se enoja cuando sienten que han sido tratados injustamente, o una situación que es injusto para ellos.

De hecho, estar en una situación desagradable, incluso agrava aún más la ira, porque cuanto más se piensa en toda la injusticia de la situación, más enojado que le hace.

• ¿Cuándo me enojo?

Hay varios factores que afectan la situación que desencadena la ira de un individuo, pero una cosa, que en su mayoría se determina cuando se enoja, es su interpretación de una situación que induce la ira. La interpretación que da a una situación también determina la intensidad y la duración de su ira.

• Es problemático ira?

La ira puede ser problemático o no, dependiendo de su interpretación de una situación y la reacción que provoca. No todo el enojo es problemático. Hay tipos de ira que realmente están destinados a resolver un problema o corregir un error.

La ira, de hecho, sirve una fuerza motivadora para hacer frente a la injusticia. La ira no es problemático porque es una emoción natural destinado a alertar de peligro y motivar a responder. La única cosa que determina si la ira se vuelve problemático o no es la respuesta que da a la emoción.

• Es la ira mal?

Voy a hablar más sobre la 'maldad' percibida de la ira, pero en sí, la ira no es una emoción mala. Incluso se puede decir que no hay nada como una mala o buena emoción. Las emociones son respuestas corporales naturales; que no pueden ser buenos o malos en sí mismos.

Cuando experimente la ira, se debe a que están destinados a experimentar, no porque usted es una mala persona, o la ira es una mala sensación.

• ¿Cómo puedo saber si tengo un problema de ira?

Como una emoción universal con experiencia, cada uno se siente enojado de vez en cuando. Las personas suelen experimentar ira sin consecuencias graves o perjudiciales. La mejor manera para que usted pueda juzgar si tiene un problema de ira es evaluar la gravedad de las consecuencias de su ira.

Por ejemplo, si siempre termina rompiendo una propiedad o agredir físicamente a alguien cuando se está enojado, entonces significa que usted tiene un problema de ira de manejar.

Aparte de las preguntas anteriores, hay otras preguntas más frecuentes sobre la ira, y a medida que continúe para leer, usted encontrará sus respuestas a todas las preguntas que tenga acerca de la ira y el control de la ira.

Comprensión ira como una respuesta emocional y fisiológica

Como todas las emociones primarias, la ira se experimenta en el cuerpo y la mente. Cuando la ira se experimenta en mente, es un estado emocional. Cuando se experimenta en el cuerpo, que es un estado fisiológico.

La ira siempre se experimenta tanto como un estado emocional y fisiológico. Sin embargo, en su forma más leve, la ira es por lo general más de una respuesta emocional que una respuesta fisiológica. Cuando experimente una ligera irritación de alguien accidentalmente se derrame agua sobre ti, no puede desencadenar la serie de eventos fisiológicos asociados con la ira, ya que está en la mente.

La serie de respuestas fisiológicas y corporales que se producen cuando se está enojado por lo general ocurre cuando la ira es más intensa de lo normal.

Las emociones comienzan en la parte del cerebro conocida como la amígdala. La amígdala tiene la responsabilidad de identificar las posibles amenazas a la que le alerta para que pueda tomar acciones inmediatas para protegerse de la amenaza o el peligro percibido.

Su amígdala es tan eficiente en su trabajo que impulsa al instante a reaccionar, incluso antes de que su corteza es decir, la parte del cerebro responsable del pensamiento y el juicio es capaz de evaluar la situación e iniciar una reacción razonable. La cosa es que, cuando su amígdala activa la respuesta de "lucha o huida", que anula todas las demás reacciones o respuestas en su cuerpo.

En otras palabras, el cerebro está programado de una manera que te empuja a reaccionar ante una situación incluso antes de considerar la conveniencia de su acción. Esta es la razón por los expertos a menudo sugieren que la clave de control de la ira es aprender a controlar los impulsos.

Como una respuesta emocional, la ira es a menudo imposible de identificar. Sin embargo, en el estado fisiológico, la ira es a menudo muy notable, con poco o ningún control sobre las respuestas. Incluso cuando estás bastante bueno en el control de su muestra de enojo, es casi imposible (si no completamente imposible) para controlar las respuestas fisiológicas que se producen cuando se está enojado.

Durante muchos años, los expertos han estudiado la fisiología de la ira con el fin de entender la ira totalmente. En general, llegaron a la conclusión de que la persona a ser los más afectados por la ira es siempre la persona que experimenta esa ira.

Esto significa que cuando se enojan, y fuera de control, que están causando más daño a ti mismo que el objeto de su ira.

Cambiando de tema, a medida que comienzan a experimentar la ira, se siente los músculos de su cuerpo comienzan a tensarse. Durante este período, hay algo pasando en su cerebro. Algunos neurotransmisores químicos conocidos como catecolaminas está siendo liberados en su cuerpo, lo que resulta en una explosión de energía, que puede durar varios minutos antes de que desaparezca.

Esa explosión de energía que experimenta en ese momento es lo que alimenta el impulso enojado común que te empuja a tomar acciones inmediatas destinadas a proteger a sí mismo. En este mismo tiempo, siente que su aumento del ritmo cardíaco, acelera su presión arterial y su respiración se acelera en ritmo.

También puede sentir su cara al ras como el aumento del flujo sanguíneo se mueve en sus extremidades, que se prepara para una posible acción física. Su atención se centró por completo en el blanco de su ira, y no puede pagar la mente a cualquier otra cosa.

Con efecto inmediato en ese mismo momento, el cerebro libera más neurotransmisores y hormonas (adrenalina, noradrenalina, etc.). Esto desencadena un estado de excitación, lo que significa que su cuerpo está preparada para luchar.

La liberación de la adrenalina y la noradrenalina, junto con el hecho de que usted ha actuado antes de su corteza permite pensar, es lo que hace que su rabia rabia fuera de control. Pero, con su corteza prefrontal, se puede aprender a mantener sus emociones bajo control.

Del mismo modo que la amígdala se encarga de las emociones, la corteza prefrontal también está a cargo del juicio. La corteza prefrontal izquierda ayuda a racionalizar las reacciones emocionales desconectando sus emociones cuando se vuelven demasiado intensa.

Por lo tanto, para ganar control sobre su ira, usted tiene que aprender cómo dar a su superioridad corteza prefrontal sobre la amígdala para que pueda dejar de reaccionar antes de pensar cuidadosamente acerca de una situación.

Del mismo modo que hay una fase de reacción fisiológica para su ira, también experimenta una fase de enrollamiento hacia abajo cuando se desploma la situación, o el blanco de la ira ya no está en su entorno. Sin embargo, por lo general es difícil para el estado fisiológico de la ira a disminuir, incluso después de que el objetivo ya no está en la vista.

El estado de excitación inducida por la liberación de adrenalina cuando estás enojado tiene una duración de hora y, a veces al día, dependiendo de la intensidad de la situación, lo que provocó la ira. Como era de esperar, esto reduce el umbral de la ira, por lo que es más fácil para que usted consiga enojado posteriormente.

Durante el periodo en el que tiene su fase de enrollamiento hacia abajo, que son más propensos a enojarse en respuesta a la irritación trivial y problemas leves que por lo general no le molestaría tanto. Este continuo estado de excitación también te deja en un estado que hace imposible recordar con claridad los detalles del evento que hizo enojar.

Basado en la investigación, la excitación se ha confirmado que es muy crucial para la memoria y el recuerdo; que lo necesite para recordar eficiente. Sin embargo, la excitación de memoria realza y el rendimiento sólo cuando está en un nivel moderado.

Cuando la excitación supera el nivel óptimo requerido para la concentración, la memoria y el rendimiento, que hace que su cerebro incapaz de formar nuevos recuerdos. La ira es una de las emociones que normalmente inducen altos niveles de excitación, lo que podría ir más allá del nivel apropiado. Esto afecta a su concentración y reduce su capacidad para recordar detalles de sus explosiones de ira correctamente.

CICLO de estrés, ansiedad, y la ira

Existe una relación entre el estrés, la ansiedad y la ira, que es posible que no tener en cuenta. A veces, la causa de la ira de una persona es en realidad nada más que el estrés o la ansiedad. Si está familiarizado con la psicología positiva, que ha aprendido que el estrés a menudo conduce a la ansiedad y viceversa.

El estrés y la ansiedad también conducen a la ira, en muchos casos. Curiosamente, la ira también se ha relacionado con la ansiedad y el estrés en algunas personas. Esto apunta a eso llamo este capítulo "El ciclo". Probablemente no hay nada mejor para describir la relación entre los tres.

La ansiedad y el estrés juegan un papel importante en la ira, y ellos son también dos de los factores desencadenantes de ira la mayoría comunes. Una persona que está en un estado perpetuo de estrés o ansiedad si son más propensos a la ira que las personas que no lo son.

Una de las muchas razones por las que existe una gran cantidad de negatividad que vuelan alrededor del mundo hoy en día es porque hay muchos factores de estrés ahora que hemos tenido en el pasado. La tecnología y las redes sociales, tan innovador como son, son los principales factores de estrés para muchas personas inocentes.

La ira, la ansiedad y el estrés son todos los estados emocionales que se activan cuando el cerebro sospecha una situación posiblemente perjudicial y activa la respuesta "lucha o huida", por lo que esta puede ser la razón por la que los tres están tan estrechamente relacionados.

Todos experimentamos estrés y la ansiedad, ya que son las emociones humanas naturales. Sin embargo, hay una diferencia entre el estrés y la ansiedad. El estrés es la respuesta del cuerpo a una amenaza percibida en el entorno. Por ejemplo, es posible que se estresan porque está trabajando duro, y usted no está durmiendo lo suficiente.

En una situación como esta, su cuerpo desencadena el estrés, porque no se percibe una amenaza para el cuerpo, debido a que no dormir como es debido. Por otro lado, la ansiedad es considerada como una respuesta al estrés. Por lo tanto, la ansiedad se activa cuando la respuesta al estrés es la activación.

Digamos que usted tiene un examen por venir, y que han estado trabajando muy duro, quedarse hasta tarde sólo para leer. En otras palabras, se está sacrificando su sueño de pasar su examen. Naturalmente, la fatiga se encuentra en ya que no está durmiendo lo suficiente, y su cuerpo está en un estado de estrés.

¿Cómo sería la ansiedad entrar? Usted puede convertirse preocupado por su examen y comenzar a tener dudas acerca de su capacidad para aprobar el examen debido a la tensión que está sintiendo. Es posible que no lo sepa, pero el estado de estrés que estamos es lo que se invita a las dudas sobre la posibilidad de que pasar el examen.

En un estado como este, es bastante fácil de la ira de disparo puesto que ya dijimos que tanto el estrés y la ansiedad conducen a la ira. Cuando usted está estresado y la sensación de ansiedad acerca de su examen viene, puede comenzar a conseguir irritado, molesto o enojado plenamente en cada una ligera irritación que se le presente. Es posible que gritar a su hermano por haber entrado en su habitación mientras se está leyendo.

En el ejemplo anterior, usted ha permitido que sus sentimientos de estrés y ansiedad para trascender en un estado de ira.

Algo mayoría de la gente también no sabe es que hay momentos en que no esté enfadado, pero que están actuando enojado. Esto es cuando la ira se convierte en una emoción secundaria, como dicen los expertos. A veces, no es la ira que en realidad se está sintiendo, pero desea enmascarar la emoción real, lo que podría ser la ansiedad por la ira.

La ansiedad se asocia a menudo con miedo, preocupación o duda. Sin embargo, los expertos han dicho que también es común para la ansiedad que se acompaña de sentimientos de ira, generalmente sutil y subyacente. En general, la ira no es considerado como un síntoma de ansiedad.

Esto se debe al hecho de que se considera que son dos respuestas emocionales diferentes. Sin embargo, los expertos creen que ambas emociones pueden solaparse, ya que tienen características cognitivas y biológicas comunes.

La razón por las que puede no identificar la ansiedad como la emoción subyacente detrás de su ira es que la ira es una respuesta emocional instantánea, algo que se siente inmediatamente cuando hay un gatillo.

La ansiedad se transforma en ira cuando una persona es incapaz de hacer frente a la causa de la ansiedad directamente. Se le puede cubrir su ansiedad con rabia porque descubre la causa demasiado doloroso dirección directamente. Por lo tanto, proyectar la emoción como la ira en su lugar.

Hay muchas situaciones en las que la ansiedad puede transformarse en ira, sobre todo cuando se está en relación con un trastorno de ansiedad. Por ejemplo, una persona con trastorno obsesivo-compulsivo (TOC) puede enojarse cuando su rutina ritual es interrumpido por alguien más. La ansiedad es reconocida como la emoción primaria detrás de TOC como un trastorno.

El miedo ha sido identificado como la emoción oculta detrás de la ira de muchas personas, y como ya se ha destacado, la ansiedad es una emoción asociada con el miedo y la preocupación.

Muchas veces, control de la ira se toman junto con el manejo del estrés / ansiedad porque no hay manera de que un individuo puede aprender a controlar la ira sin reducir la gran cantidad de factores de estrés en su vida primero.

La ansiedad, el estrés y la ira comparten una relación que se llega a comprender mejor como se hablo de los factores que la ira impacto y la verdad detrás de la ira como una emoción secundaria.

Capítulo 2: Causas de la Ira

Los factores que causa la ira y el gatillo

Debido a su espontaneidad, por lo general es difícil identificar el gatillo o la causa de la ira. Incluso puede parecer a usted como su enojo viene de la nada. Esto es debido al nivel de intensidad con la que la ira siempre superficies; esta erradicada la causa o el gatillo y dejó perplejo.

Por lo general, a menudo se quedan con la consecuencia de la ira o el daño que se ha hecho sin ningún conocimiento de lo que llevó a la ira en el primer lugar. Este tipo de problema se convierte en un patrón recurrente, especialmente con personas que tienen un problema de manejo de la ira.

He visto casos en que una persona tiene un episodio de ira explosiva, y al instante siguiente, que ni siquiera puedo recordar por qué explotó en el primer lugar. A veces, reconocen la causa sólo después de la explosión ya ha ocurrido, y luego se sienten remordimiento por el resultado.

Es muy fácil para que esto se convierta en un ciclo o patrón. La mayoría de las veces, sucede algo te enojas; reacciona de forma explosiva, calmarse después de un tiempo, arrepentirá de su airada reacción a la situación, y luego repetir todo otra en otra situación. Lo peor es que no hacen ningún esfuerzo para aprender la causa de su ira, por lo que sólo permanece en ese patrón perturbador.

Para aprender el manejo del enojo con éxito, es absolutamente importante conocer los factores que podrían estar causando su ira. Es imposible manejar algo si no sabes ni la fuente de esa cosa.

No se puede aprender a controlar su ira si no identificar y eliminar las causas de la ira. Por ejemplo, si su ira está siendo inducida por el estrés, pero no abordan los factores de estrés en su vida, será muy difícil para controlar la ira, incluso si usted va para manejo de la ira. Mientras existan los factores de estrés, que seguirá encuentra el conseguir enojado por las razones más absurdas.

Por lo general, la cólera es causado por las personas, las situaciones y circunstancias que usted se encuentra, ya sea intencionadamente o no. De estos tres, la causa más frecuente de la ira es la gente (especialmente los que se comparte con las relaciones personales). parejas, hijos, amigos y miembros de su familia son algunas de esas personas que puedan molestar constantemente o le molesta.

Esto es comprensible, ya que su familia, amigos, y los niños son generalmente los que tienen sus relaciones más cercanas con.

Cambiando de tema, hay varios factores que podrían ser el desencadenante o causa de su enojo, aparte de las personas o situaciones. Si eres de los que constantemente se enoja no importa lo trivial es la situación, que no puede ser porque siempre hay alguien que está haciendo algo para molestar a usted o la situación está provocando por lo general.

En muchos casos, la razón detrás de su ira puede ser algo completamente diferente de lo que piensa. Estas razones generalmente son algo que ni siquiera se puede pensar capaz de irritar para arriba.

Por ejemplo, si usted llega a casa del trabajo en un día agotador y usted siente que algo le golpeó justo al entrar en la casa. Al entrar en la habitación, se encontrará que es su hijo de 10 años de edad chico que tiró la cosa que te golpeó. Si gritas en el niño porque usted fue golpeado, ¿diría que es realmente porque su hijo se arrojó algo?

Por supuesto, puede parecer que la causa de su ira es que usted fue golpeado por algo que su hijo tiró. Después de todo, ¿cómo se ha enfadado y le gritó a la niña si eso no sucedió? Sin embargo, la razón real de su ira es el hecho de que había un día agotador en el trabajo.

El estrés que siente desde el trabajo es lo que necesitaba una salida para dejar salir, y que eligió para hacer que una oportunidad para dejar salir el estrés. Si se viene a casa, de espíritu libre, enérgico y feliz, es obvio que no le importaría que algo fue lanzado en usted. De hecho, incluso se puede sacar al niño en sus brazos y jugar un poco antes de continuar el interior.

Por lo tanto, a veces hay ciertos factores que desencadenan su ira debajo sin su conocimiento. A continuación, voy a identificar y hablar sobre algunos de los factores que podrían estar causando o provocando su ira.

• La infancia y la Crianza

¿Cómo una persona reacciona a la ira o hace frente a los sentimientos de ira es en gran medida influenciados por el tipo de infancia y crianza que tenían. Hay casos en que la razón detrás de la ira de una persona durante su crecimiento es que lo aprendieron durante su crecimiento.

Al crecer, muchas personas aprenden acerca de la ira de una manera que hace que sea difícil y en ocasiones imposible de manejar como un adulto. Como un niño, es posible que haya crecido en un entorno donde la ira por lo general se actuó de forma violenta o agresiva. Por lo tanto, uno crece con la mentalidad de que este es el camino correcto para mostrar su ira.

Con un modo de pensar de esta manera, usted puede encontrarse incapaz de entender y manejar su ira. Así, se obtiene enojado con las más mínimas cosas. Usted puede enojarse porque alguien hizo algo que no le gusta, a pesar de que podría haber simplemente se les acercó y habló de lo que hicieron. Usted también puede tener un episodio de ataques de ira cuando te encuentras en una situación que no le gusta.

Otra forma de su niñez o la educación pueden influir en su respuesta a la ira es si creció con la creencia de que la represión de la ira es la manera correcta de 'express' ella. Muchas personas fueron criados para creer que no son nunca a quejarse cuando se sienten tratados injustamente o injustamente tratados. También fueron castigados siempre que expresan la ira como niños.

Si fueron criados así, el resultado es que se termina de aprender a suprimir su ira, que más tarde se convierte en un problema importante en la edad adulta, por lo que su reacción a situaciones incómodas de manera inapropiada. También se pueden dirigir su ira hacia el interior de sí mismo si usted siente que no debe liberar su rabia fuera.

Como un niño, es posible que haya crecido viendo sus padres y otros adultos importantes en su vida actúan fuera de control cuando están enojados. Esto puede haberle enseñado a ver la ira como algo que es bastante aterrador y destructivo.

Cualquiera de las dos cosas puede pasar; puede convertirse en terror de la ira como una emoción y tener miedo de expresar su enojo. Esto significa que incluso cuando sucede algo verdaderamente provocativa, que embotellan la ira en sin expresar cómo se siente.

Por otro lado, es posible aprender este comportamiento y también empezar a actuar como los adultos que viste crecer. En la eventualidad de que uno tiene miedo de enojarse, es posible que los sentimientos de ira pueden resurgir en situaciones que no guardan relación alguna.

Por ejemplo, si uno crece en una familia donde sus padres siempre están luchando y haciendo, es posible que crecerán pensando en esto como un comportamiento normal y empezar a exhibir comportamientos similares en sus relaciones, ya sea consciente o inconscientemente. Usted puede sentirse incómodo si usted y su pareja no se combate en el espacio de una semana con la creencia de que algo está mal.

• Experiencias anteriores

A veces, la razón por la que está tan enojado puede ser debido a ciertas cosas que han experimentado en el pasado. Si usted ha estado en situaciones que hicieron enojar en el pasado, pero había que suprimir ese entonces la ira, porque no había manera de expresarlo de forma segura, usted todavía puede ser amamantando a esos sentimientos de ira sin que usted lo sepa esto.

Trauma, abuso y la intimidación son algunas de las horribles experiencias que podrían poner a una persona en un estado perpetuo de la ira. La investigación ha demostrado que las personas que intimidan demás son por lo general aquellos que también fueron intimidados por otros.

Si usted es un empleador y que son agresivos con sus trabajadores, es decir, que intimidan ellos, esto podría deberse a que fueron intimidados por la gente en la universidad o la escuela secundaria durante su crecimiento. La mayoría de las personas que intimidan a otros en las redes sociales son los que realmente están siendo intimidado por otros en la realidad.

Las personas que han sido física, verbal, abusados emocionalmente, o sexualmente en el pasado pueden estar enfadado debido al dolor que sienten de ser abusado. Si una persona fue abusado sexualmente por una persona del sexo opuesto, esta persona podría ser inusualmente agresivo y enojado hacia cada uno del sexo opuesto.

El trauma es también otra experiencia que puede ser la causa de la ira. Las experiencias traumáticas suelen tener efectos duraderos sobre una persona, aun cuando creen que han pasado de experiencia. Recuerdos del trauma pasado puede conducir a sentimientos de ansiedad, frustración y desesperanza, que puede provocar episodios de ira.

Las experiencias pasadas te ponen en una situación en la que encuentre ciertas situaciones inusualmente desafiante y Esto le deja propensos a enojarse. A veces, sus sentimientos actuales de la ira no son el producto de cualquier situación en que se encuentra actualmente. Más bien, están vinculados a experiencias pasadas. Lo que esto significa es que la situación el que se encuentra refleja algo de su pasado.

Para hacer frente a la ira, primero debe tomar conciencia de la experiencia particular del pasado, que está sirviendo como el gatillo subyacente de la ira.

• Las circunstancias actuales

También hay momentos en los que el factor desencadenante de su ira es la circunstancia actual que se encuentra. Si usted tiene mucho que hacer en su vida actualmente, usted puede encontrarse más propenso a la ira lo que nunca fueron. También se puede estar enojado con cosas totalmente inconexas.

Muchas personas se enojan fácilmente, porque están en una situación que hace que se enojen, pero no se sienten lo suficientemente valiente como para hacer frente a la situación o resolver directamente.

Veamos un ejemplo. Si su jefe en el trabajo es extraordinariamente difícil y agresiva hacia usted, esto seguramente le molesta. Pero, puesto que él es su jefe, es posible que no sea lo suficientemente audaz para abordar el tema con él.

Esto significa que tienen que embotellar el cólera. Pero lo que pasa con la ira es que no puede ser reprimida por mucho tiempo. Por lo tanto, es posible que gire el enojo hacia sus compañeros de trabajo o sus hijos en el hogar. Algo tan trivial como su hijo se derrama agua en el suelo puede provocar sentimientos de ira.

En este caso, su situación en el trabajo es lo que está haciendo enojar, pero no se siente como en realidad se puede hacer frente a ella, ya que no quiere perder su trabajo. Esto hace que redirigir la ira de sus colegas o los niños pobres en el país.

• Impotencia o impotencia

Este es un disparador común para la ira, especialmente entre los hombres. Que se puede estar más enojado de lo habitual porque está en una situación que se siente completamente fuera de su control, y se siente impotente. Ese ejemplo de su jefe en el trabajo viene a la mente en esta situación.

La impotencia se asocia a menudo con sentimientos de impotencia y pérdida de control sobre los acontecimientos en la vida de uno. La gente le gusta sentirse en control, por lo que se enojan cuando una situación que no está dentro de su control viene a jugar.

Si tiene problemas con su salud o si está en una relación abusiva que siente que no puede salir, pueden sentir disgusto intensamente a causa de lo impotente que se encuentra en esa situación.

La clave aquí es siempre para recordar que algunas cosas van a ser o bien dentro o fuera de su control. Sin embargo, hay situaciones en las que están completamente en control; que simplemente se deja para que usted pueda ejercer ese control.

• Estrés y la ansiedad

La ansiedad y la depresión Asociación dio a conocer datos que muestran que más de 40 millones de adultos estadounidenses sufren de ansiedad, y esto es casi la friolera de 18 por ciento de la población total de los Estados Unidos.

Como ya he explicado, la ira, el estrés y la ansiedad son tres condiciones de punto-de cerca. Las personas que sufren de enfermedades relacionadas con la ansiedad a menudo experimentan abrumadora y reacciones fuera de control. Por lo general terminan expresando su estrés y la frustración en forma de ira.

A menudo, se tensaron y situaciones de incertidumbre pueden hacer que una persona enojada debido a la presión que dejan en el hombro y el cerebro.

● El dolor

La última causa común de la ira, que usted debe saber, es el dolor. Por lo general, una emoción abrumadora, el dolor a menudo proviene de situaciones dolorosas. También se asocia con dificultades y la pérdida.

Sentimientos de dolor pueden surgir de la muerte de un ser querido, una mascota o un amigo. También puede ser inducida por situaciones profesionales y relacionadas con la carrera como la pérdida de su trabajo.

Cuando el dolor que embarga, puede convertirse rápidamente para transformarse en ira. Esta ira se presenta a menudo como resultado de la frustración y la injusticia sentida por la persona en duelo. Por ejemplo, si pierde su cónyuge, sólo pensando en el futuro a los dos imaginó que podría hacer que te sientas frustrado, agraviado, y enojado por la crueldad y la injusticia de su situación.

Su enojo puede ser especialmente dirigido a personas por no ser capaz de entender cómo se siente verdad o simpatizar con su situación y el sufrimiento.

Aparte de los que acabamos marchamos juntos, hay varias otras cosas que pueden desencadenar su ira con usted que es ajeno a ellos. En un capítulo posterior, voy a explicar cómo se puede identificar y reconocer los factores desencadenantes de la ira con el fin de controlar su ira.

Capítulo 3: Efectos de la ira

Las emociones juegan un papel importante en la preocupación por la forma en que pensamos y actuamos. Son estados mentales asociados con el sistema nervioso. Las emociones que sentimos en nuestra vida diaria influyen en las decisiones que tomamos para nosotros y nuestras familias. Tienen un gran impacto en nuestras vidas, ya que nos pueden construir o romper con nosotros dependiendo de cómo percibimos sus sentimientos. Estos son los principales tipos de emociones y cómo construyen nuestras vidas por nosotros construir o romper.

Temor

El miedo es una emoción poderosa experimentada por todos los seres humanos. Nos alerta sobre la presencia de peligro en nuestros ambientes. Se trata de reacciones químicas que afectan a nuestro cerebro cuando nos encontramos a través de ciertas situaciones. Las personas tienen diferentes tipos de temores con respecto a las personalidades. Otros temores son causadas por un trauma, las experiencias pasadas, o los temores de otra cosa, como la pérdida de control.

Es completamente difícil de entender lo que es el miedo. Sin embargo, los efectos de la misma son completamente evidentes en nuestras vidas. Muchas personas argumentan que el miedo es la mayor ruta de los lados más oscuros. Se lleva a la ira, que nos compromete a que el odio y el tiempo de sufrimientos. Algunos de los líderes más grandes del mundo, como Barack Obama, tuvo que deshacerse de sus miedos para que tengan éxito. Desafiaron todas las probabilidades de miedo, se llevaron todo el coraje, y al final de ella, todos lograron sus sueños y metas.

El miedo arruina personas. Ha matado ambiciones jóvenes, las relaciones destruidas, las empresas muertos destruidos religiones, las negociaciones destruidas y vidas matando. Se convierte en nuestra obligación de comprender nuestros miedos y encontrar maneras de cómo podemos hacerles frente y reducirlos. Sin embargo, el miedo también puede ayudarnos a construir nuestra vida ayudando a escapar de peligros venideros. El miedo nos ayuda a comprender las posibilidades de cualquier peligro por delante, defendernos de ellos una ventaja para nosotros mismos.

Felicidad

Ser feliz no es sólo una sensación de sentirse bien. Diversas investigaciones han demostrado que la felicidad no nos hace solamente sentirse bien, sino también nos hace más sanos, más amable con nosotros mismos y los demás, y ser más productivo en nuestras actividades diarias. Por lo tanto, todo el mundo necesita sentir emoción felicidad de vivir una vida cómoda.

Vivir una vida feliz no es difícil. Sin que ello implique negar las emociones negativas o tratando de felicidad falsa por ser alegre en todo momento. Como seres humanos, es común que nos hace sentir emociones negativas de ira, frustración, tristeza, entre otras emociones negativas. Sin embargo, la felicidad nos ayuda a hacer frente a estos malos tiempos para experimentar lo mejor posible la vida en general.

Según un estudio de la Universidad de Warwick, las personas felices son más productivos en comparación con sus pares. A partir de la investigación, las personas felices son un 11% más productivo. La felicidad también nos ayuda a evitar algunas de las enfermedades de estilo de vida como depresiones, que es una enfermedad principal causa de muerte en el entorno actual. Sin embargo, la emoción felicidad excesiva nos podría afectar negativamente. Puede dar lugar a un exceso de confianza, que nos hace menos atento y creativo en nuestras actividades diarias. Estos aspectos negativos de la emoción felicidad destruyen nuestras vidas por nosotros romper y hacernos sentir desmotivado.

Amor

El amor es la emoción del corazón. Es una buena emoción. A veces nos hace hacer cosas locas que nos ayudan a construir nuestra vida, pero en otros casos, nos puede causar a hacer cosas que no estamos orgullosos, y como resultado, terminar rompiendo nuestras vidas. Todo el mundo quiere ser amado o estar en amor. Es una emoción de la compasión y la plenitud que recibimos de nuestros seres preciosos. Amor a uno mismo es también un factor crucial. Esto lleva a la aceptación de nosotros mismos a pesar de nuestra inferioridad.

La emoción del amor juega un papel importante en nuestras vidas, tanto positiva como negativamente. Tiene un gran impacto en nuestros sistemas de salud. A partir de investigaciones previas, cada vez que usted expresa su amor a alguien, el cerebro libera serotonina, una hormona que juega un papel importante en la mejora de nuestros sistemas de salud. El amor también crea lazos más estrechos con nuestros amigos y familiares, lo que crea relaciones más fuertes, por lo tanto la construcción de nuestras vidas en gran medida.

El amor también puede romper en gran medida nuestras vidas. Actualmente, es una de las principales causas de los suicidios entre la generación joven de la sensación de no ser amado y no aceptar a sí mismo. Contribuye a depresiones entre los individuos, que se traduce en estrés personal, problemas psicológicos, y las enfermedades mentales. A partir de los puntos anteriores, la emoción del amor no debe ser un camino de rosas. Siempre tener cuidado con los sentimientos de otras personas en relación con el amor que usted ofrece, ya que les afecta en gran medida positiva o negativamente, ya sea la construcción o romper sus vidas.

Ira

La ira es una emoción poderosa que se caracteriza por sentimientos de antagonismo, hostilidad, frustración, y la agitación hacia otras personas. Desempeña un papel importante en la gestión durante el vuelo. Los sentimientos de la emoción de la ira son fácilmente perceptible de un individuo. Por ejemplo, se puede mostrar la emoción por el ceño fruncido, hablando con una postura fuerte, gritar, respuestas fisiológicas tales como la sudoración y se pone roja o por medio de comportamientos agresivos, como el lanzamiento de objetos.

La mayoría de las personas perciben la ira como una emoción negativa que sólo arruina las relaciones y romper nuestras vidas. Sin embargo, la ira tiene elementos positivos en nuestras vidas. Es constructivo, ya que nos ayuda a clarificar las cuestiones no borrar con nosotros en una situación. También nos puede motivar a encontrar soluciones a los problemas que son una molestia para nosotros.

Sin embargo, la ira excesiva es perjudicial para nuestra vida diaria, especialmente cuando se expresa en formas que son nocivos y peligrosos para la vida de los demás. Numerosos casos de muertes y lesiones permanentes se registran diariamente como resultado de la ira incontrolada. Los efectos de la emoción ira también se han extendido a las enfermedades coronarias del corazón y diabetes entre otras enfermedades peligrosas. Es, por lo tanto, nuestro papel como seres humanos para llegar a métodos estratégicos de tratar con nuestra ira para controlar los efectos nocivos de la emoción de ira.

Orgullo

Cuando pensamos en los pecados capitales, el orgullo es sin duda uno de ellos. Sin embargo, el orgullo no es tan malo como la gente piensa. A veces el orgullo nos ayuda a construir nuestras vidas y también mejorar la vida de otros. Es natural que una persona se sienta la emoción.

El logro de ciertas metas y objetivos tiende a hacernos sentir orgullosos de nuestros propios esfuerzos. Es a partir del orgullo que sentimos motivados y el deseo de lograr más objetivos, que nos ayudan a construir nuestras vidas. Por otro lado, la emoción ha llevado a la caída de muchos individuos, familias y dinastías. orgullo que las personas suelen ser arrogante y no siguen las instrucciones de lado. Incluso hay un dicho el orgullo precede a la caída.

Culpa

El sentimiento de culpa en una lata individuales afectan negativamente a una persona. Se hace a evitar que otras personas debido al temor de que nos injusto con ellos, lo cual no es necesario. Algunas personas se activan para castigarse a sí mismos por los pecados que no cometieron. Se reduce nuestra autoestima cuando tratamos de averiguar cómo los demás nos percibe partido que se traduce en estrés y, finalmente, la depresión. Por lo tanto es bueno para uno a abrirse a la otra parte y pedir perdón en lugar de mantener la emoción dañina.

Por otro lado, la emoción nos ayuda a dar forma a nuestras vidas de varias maneras. Nos ayuda a construir nuestra personalidad hacia la vida. Si ha hecho daño a alguien, el sentimiento de culpa que castiga tales que uno va a tratar de evitar la comisión de un pecado similar hacia otro person.it también ayuda a lograr nuestros objetivos. Nuestras decisiones no agradan a todos los individuos. Tenemos que conseguir más fuerte y aprender a enfrentar los sentimientos de culpa. Sin embargo, siempre hay que hacer lo que es correcto y aceptable para que usted pueda evitar sentirse culpable.

Tristeza

La tristeza es una emoción que todas las personas experimentan de vez en cuando. Su caracterizado por sentimientos de decepción, tristeza, desesperanza y estados de ánimo humedecido. Se expresa en diferentes métodos y los más comunes son el llanto, la retirada de los demás, la tranquilidad, y la baja moral. Es normal que uno se sienta triste. Sin embargo, la tristeza excesiva destruye nuestras vidas ya que conduce a la tensión, que es la madre de muchas depresiones. La tristeza es una emoción también importante que le ayuda a construir su vida. Cuando estamos tristes, tenemos la tendencia a alejarse del factor que contribuye a la tristeza, que puede ser un peligro inminente.

Las emociones que percibimos tienen efectos claros en nuestras actividades diarias. Es, por tanto, se convierte en nuestro papel como controlarlos para garantizar que se construyen nuestras vidas y las destruyen. También hay que tener cuidado con las emociones de otras personas, ya que, en cierto modo, podría afectar negativamente a ellos.

Cómo las emociones le ayudan a sobrevivir y avanzar

Las emociones guían sus vidas de muchas maneras. La mayoría de ustedes no comprenden hasta qué punto los emociones conducen sus pensamientos y comportamientos. Tienen impacto en sus vidas a través de un millón de maneras, ya sea positiva o negativamente. De acuerdo con investigaciones recientes, la inteligencia emocional es más importante que el coeficiente intelectual, ya que predice más del 54% de la variación en el éxito, calidad de vida, salud, y las relaciones. Desempeñan un papel importante en ayudar a sobrevivir y prosperar, como lo demuestran los párrafos siguientes.

Ayuda a construir relaciones fuertes

Al entender sus emociones, cómo manejarlos, y expresarlos, se puede construir relaciones más fuertes con sus amigos. Esto se debe a que son capaces de expresar sus sentimientos de manera positiva a la otra parte. Las emociones también ayudará a comunicarse de manera efectiva y sin miedo tanto en el trabajo como en la vida personal, que ayuda en la construcción de sólidas relaciones con otras personas. Uno debe tratar de averiguar las emociones de los demás individuos. Esto ayuda a evitar herir a ellos, lo que destruye las relaciones de manera significativa. Sin relaciones sólidas, el éxito se vuelve difícil de lograr. empresarios y líderes de negocios líderes en el mundo asocian su éxito a las relaciones sanas que emanan de la comprensión de las emociones de sus clientes. Para que usted pueda sobrevivir y prosperar en el mundo moderno, por lo tanto, es vital para entender el papel de las emociones.

Afectan a la toma de decisiones

Las emociones son el curso de la raíz de sus decisiones diarias. Ellos no sólo afectan a la naturaleza de la decisión, sino también la velocidad a la que se toma la decisión. Tomemos, por ejemplo, la emoción de la ira. Esto lleva a la impaciencia en la mayoría de las personas, lo que resulta en la toma de decisiones erupción. En otros casos, si está excitado, es más probable que tomar decisiones rápidas, sin tener en cuenta sus consecuencias, que podrían ser peligrosos. Cuando miedo, las opciones que usted hace pueden ser empañado por la incertidumbre y podrían ser malas decisiones.

Las decisiones que tome diariamente determinar el éxito de sus vidas. Tomemos, por ejemplo, en una negociación; si la decisión a tomar se ve afectada por el miedo a la emoción, el resultado será pobre. Esto se opone a si, durante la negociación, no había emoción felicidad. Los resultados son positivos, y las partes terminan haciendo relaciones duraderas con beneficios para ambas partes. Es, por lo tanto, esencial para aplicar la inteligencia emocional antes de tomar decisiones para el éxito de sus vidas.

Ellos mejorar su salud

Hay muchos beneficios físicos asociados con su bienestar emocional. Tomemos, por ejemplo, la emoción de caer en el amor conduce a la relajación y la alegría y también estimula el crecimiento de nuevas células cerebrales, que mejoran su capacidad de memoria. Investigaciones anteriores han demostrado que la expresión de emociones felicidad a través de la risa no sólo aumenta su estado de ánimo, pero también aumenta la esperanza de vida. Las emociones positivas también ayudan a reducir las posibilidades de que contradice las enfermedades relacionadas con las emociones como la depresión y la presión arterial alta, que son algunas de las fuentes principales de muerte. Es, por lo tanto, se convierte en vital para las personas que cuidan de sus emociones para aumentar sus posibilidades de supervivencia y prosperar en la vida.

Se motivará a tomar acciones

Cuando se enfrentan a una situación, las emociones ayudan a tomar medidas. Tomemos un ejemplo cuando se está a punto de sentarse para un examen, uno puede sentir mucha ansiedad como tom si pasarán el examen y también cómo afectará a la calificación final. Es a partir de la emoción que uno se ve obligado a estudiar mucho para pasar, lo que conduce al éxito. Siempre se debe considerar la adopción de medidas positivas hacia las emociones para que pueda vivir una vida cómoda y exitosa.

Emociones ayudará a evitar el peligro

De acuerdo con el naturalista Charles Darwin, las emociones se cree que son adaptaciones que permiten a los seres humanos para sobrevivir y reproducirse. Sirven como una función adaptativa al motivar a actuar con rapidez y tomar acciones rápidas para aumentar las probabilidades de supervivencia y el éxito. Un ejemplo bueno es cuando experimenta el miedo como consecuencia de un peligro que viene como un animal peligroso o una posible amenaza. Es más probable para liberar de la amenaza mediante la ejecución, lo que aumenta sus posibilidades de supervivencia. Cuando está enojado, que son más propensos a hacer frente a la fuente de la irritación que aumenta la tasa de su supervivencia.

Ellos le ayudan a entender a otras personas

La vida sin amigos puede ser muy aburrido y con muchos problemas. Necesita ayuda de uno de sus amigos ya que ninguna persona puede sobrevivir de manera independiente. Las emociones ayudan a entender las personas que interactúan con sobre una base diaria, que desempeña un papel importante en la determinación de las posibilidades de su éxito. Mediante la comprensión de otras personas, a aprender acerca de sus debilidades, y por lo tanto, al interactuar y tratar con ellos, a evitar situaciones que les haría daño. Mediante la comprensión de otras personas, puede responder de manera adecuada y construir relaciones fuertes y mutuas con amigos, familiares y seres queridos. Esto conduce a su éxito y también le ayuda a prosperar en situaciones difíciles.

mejorar la comprensión

Sus emociones actúan como un medio de comunicación a la sociedad. Cuando se está interactuando, que siempre es bueno para expresar sus emociones a ellos para ayudarles a que entiendan mejor. Por ejemplo, la lengua y las señales como expresión facial y corporal ayuda a otros movimientos en la comprensión de que más de alguien. Tomemos un ejemplo cuando se está enfermo a expresar su dolor a través de las emociones como la tristeza, que informa a sus amigos que usted requiere los servicios de un médico. Este es un aspecto importante que incrementa sus probabilidades de supervivencia y el éxito. Sin emociones, la vida sería mucho más difícil de prosperar y tener éxito.

Ellos construir el edificio como un líder fuerte

grandes líderes mundiales y empresarios se sabe que tienen un rasgo común que se entienden las emociones de otras personas. las opiniones de comprender a los demás, no sólo ayuda a una persona para influir en los demás, sino también, es una herramienta que ayuda a inspirar a ellos. Es, por lo tanto, se hace posible la construcción de confianza entre sus trabajadores y también desarrollar el trabajo en equipo entre ellos conduce al éxito de sus organizaciones. Como líder, es por lo tanto fundamental para que usted pueda aprender las emociones de sus compañeros y compañeros de trabajo.

Ellos le ayudan a disculparse cuando incorrecto

Muchas personas no entienden la importancia de pedir perdón cuando defectuoso. Cuando esté mal sus emociones de la culpa hacia la parte afectada maquillaje te disculpas. Por disculpa, puede restablecer su dignidad a aquellos que le duele; que ayuda a reparar la relación rota con sus amigos y también ayuda a dejar que otras personas sepan que no está orgulloso de sus acciones, pero en cambio, que están sinceramente perdón por sus acciones. Es a partir de sus emociones que usted se disculpa. Las disculpas son un gran catalizador para su éxito en la vida mediante la restauración de las ataduras rotas y familias.

Ellos le ayudan a hacer frente a situaciones difíciles

Sus emociones ayudan a hacer frente a situaciones de la vida dura. Cuando una situación como la muerte golpea a uno de sus seres queridos, la emoción de la tristeza y la ira cae sobre ti. Las emociones hacen a expresar sus respuestas a través de métodos tales como empujar otros lejos, llorando o incluso culpar a sí mismos para situaciones difíciles. Según la investigación, la expresión de sus emociones a través del llanto le ayuda a obtener alivio, y, finalmente, con el tiempo puede crecer de nuevo en la vida.

Ellos impulsar su creatividad

Las emociones suelen estar conectados a sus pensamientos. Cuando en una situación difícil, sus emociones desencadenan sus cerebros para tomar acciones rápidas para hacer frente a la situación. Tomemos un ejemplo cuando es atacado por un animal peligroso; la emoción del miedo estimula al cerebro para buscar cualquier arma que mataría al animal. Además, cuando en una entrevista, la emoción de la ansiedad de conseguir los motiva trabajo que piensen difícil para que usted pueda adquirir los mensajes. En muchas situaciones, la creatividad de sus emociones conduce a su éxito en el lugar de trabajo y también en sus hogares con sus familias.

Que ayudará a aceptar y apreciar Yourselves

Cuando se haya logrado sus metas y objetivos en la vida, las emociones de alegría, la felicidad, el orgullo tienden a desbordar. Las emociones ayudan a apreciar más a sí mismos desde el trabajo bien hecho. mismos que reconocen motiva a hacer más y más, lo que da como resultado el éxito en la vida. Sin auto-reconocimiento, se hace difícil para otras personas que aprecian o le recomiendan a otras personas que le han ayudado mucho.

De los párrafos anteriores, es evidente que las emociones juegan un papel crucial en su éxito. Que influyen en gran medida la forma de interactuar con los demás y determinan el modo en que prosperan en los lugares de trabajo y sus hogares. Es, por lo tanto, se hace mucho más esencial para controlar sus emociones a fin de no afectar negativamente a los demás, lo que puede provocar su caída.

Capítulo 4: Tener el control

La ira es una emoción muy potente con consecuencias negativas tanto en la persona que se enfrenta y las personas a su alrededor. Cuando usted es propenso a ella, la gente va a estar lejos de ti, ya que no se sabe cuál es su siguiente reacción. Sin embargo, reprimiendo su ira es igualmente una tragedia a la espera de que en última instancia va a estallar después de alcanzar el pico de sus frustraciones. Por lo tanto, la forma ideal para manejar la ira no es ignorarlo, pero para tratar con él. Las personas con frecuentes ataques de ira a menudo terminan arrepintiéndose al final del día, porque en la mayoría de los casos, se toman las cosas fuera de proporción.

Cuando estás emocionalmente inteligente, es más fácil para que usted pueda entender o reconocer diferentes emociones. A partir de entonces se puede utilizar la información que entender que tomar una decisión. Esta es una habilidad que en gran medida ayuda para lidiar con la ira. También ayuda a entender que tiene que elegir sus batallas en lugar de tomar en serio cada uno de ellos.

Es posible que usted se enoja simplemente porque se entendió mal una situación. Usted no está al tanto de todos los casos que se lleva a cabo y puede pensar que un escenario particular es injusto y no sólo. Esto a menudo conduce a un estallido cólera debido a la vista de una situación injusta que no ha sido manejado de la forma correcta. A veces puede ser aconsejable evitar ciertas personas o situaciones que tienden a obtener su ira levantarse cada vez. Esto no quiere decir que su ira no se justifica. Sí, puede que tengas razón para enojarse, pero hay que medir las consecuencias de su ira.

Cada situación tiene diferentes métodos posibles para manejarlo. Debe tener en cuenta cada uno de ellos cuidadosamente antes de actuar sobre la decisión equivocada. Tomemos un ejemplo de un entorno de lugar de la oficina, donde se tiene un colega con frecuencia el estado de nerviosismo. Tal vez él o ella cae la suciedad en el suelo sin cuidado y es a menudo una falta de respeto cuando se enfrentan. Aquí, hay muchas maneras de lidiar con la situación. Una forma segura sería de destacar y abordar la situación en voz alta en la oficina, él o sus nombres llamando. Obviamente, hay una posibilidad de que esto podría trabajar en su favor, pero, ¿es el camino correcto a seguir sobre el tema? Quién sabe cuál sería la reacción y si sería poner feo en ningún momento? Ser una persona emocionalmente inteligente, debería optar por resolver el asunto de forma amistosa en lugar de la cabeza pasando con la confrontación. Además, usted será capaz de controlar sus emociones en el calor del momento, de modo que usted no tiene un estallido. Normalmente, este es un reto, especialmente cuando están llenos de rabia y se siente perturbado, pero llega un momento en que es necesario sopesar las situaciones.

Sólo la forma misma de fuego puede ser útil y destructiva, por lo que es la ira. Algunas situaciones de la vida pueden requerir que usted pueda mostrar su ira, mientras que algunos pueden necesitar para relajarse y controlar sus emociones. Por ejemplo, cuando vea a su hijo siendo acosado en las calles, o bien, se necesita cualquier otra persona para esa materia una acción rápida. Aquí es donde se necesita tener una rabia positiva que no se fija en la destrucción, sino más bien la prestación de ayuda a la víctima.

Capítulo 5: cómo la comunicación puede hacer mejor

Cuando se trata de comunicarse con los demás, podemos aplicar el mismo principio de líder con una actitud amable, que también incluye la curiosidad, apertura y asumiendo una cantidad razonable de buena voluntad. Comunicación que implica problemas de ira es a menudo una cuestión de resolución de conflictos. Al igual que la ira, el conflicto tiene una mala reputación debido a lo destructivo que puede parecer. La verdad es que el conflicto es aún más natural y abundante que el enojo mismo. El conflicto es una parte de nuestra experiencia de momento a momento. Estamos constantemente en un estado de conflicto que necesita resolución. Así que venir a la comunicación con los demás en el espíritu de la atención, la amabilidad y la resolución de conflictos puede recorrer un largo camino para no sólo de-escalada de ira, pero incluso en la detención de la respuesta de la ira que surjan en el primer lugar.

ESCUCHANDO

La escucha es un componente clave de la comunicación, y escuchar con atención es una herramienta eficaz para mejorar la comunicación. La atención plena ha sido definida por Jon Kabat-Zinn y otros maestros como sin prejuicios conciencia del momento presente. Esto tiene amplias aplicaciones en el ámbito de la escucha.

Escuchar sin juicio o expectativa es un arte y una habilidad que se puede aprender. En una variedad de sesiones de entrenamiento que he hecho, hemos utilizado una actividad donde tenemos participantes forman círculos concéntricos, uno dentro del otro, con cada persona frente a otro en el círculo opuesto. A continuación, hacerles preguntas a contestar uno a la vez. La instrucción que damos a los oyentes es no dar cualquier información, verbal o no verbal. No asiente con la cabeza en el acuerdo o diga "Yo sé lo que quiere decir"; tratar de no dar demasiado o cualquiera de su reacción a lo que la persona está diciendo. Esto no es una forma natural que tienden a comunicarse, pero puede tener grandes resultados como un ejercicio. Nos permite ver que a veces, cuando nos insertamos con una declaración de nuestra propia,

Esto nos muestra que nuestra escucha tiene que ser más sobre, bueno, escucha. ¿Con qué frecuencia, cuando alguien está hablando, estamos ocupados formular nuestra opinión y la respuesta a lo que la otra persona está diciendo? Cuando estamos en este modo, desde luego, no estamos en el momento. Por lo menos estamos en el futuro, a medida que planificamos nuestras futuras palabras de sabiduría en respuesta. Wise escucha está escuchando profundamente a la persona antes que nosotros y darles el tiempo y el espacio para explicar a sí mismos. Todo esto es fundamental en la gestión de la ira. Un gran aspecto de la ira y el conflicto se malentendido. Cuando no escuchamos profundamente, hay una posibilidad mayor de malos entendidos.

ASERTIVIDAD

Otro componente clave de la comunicación es nuestra capacidad de ser asertivo. Cuando esté firme, que se comportan con confianza y decir lo que quiere o cree de manera directa. ¿Cómo podemos ser asertivo sin ser agresivo?

atención plena hábil puede ayudarle a ser asertivo en lugar de agresiva. La agresividad describe una mayoría de los estados de la mente y la acción que se podría definir como la ira. Las personas ponen agresivos cuando no parece haber ninguna otra manera de resolver un problema o establecer un límite. Una de las principales razones por las que las personas se vuelven agresivos es que no tienen las habilidades de asertividad para ayudarles a satisfacer sus necesidades. Así que la asertividad es el antídoto a la agresión. Muchas personas tienen dificultades para notar la diferencia.

La asertividad es el acto de la mente sabia. La mente racional y la mente emocional trabajar juntos para determinar las necesidades razonables y luego hacer declaraciones y tomar acciones para conseguir las necesidades satisfechas. La agresión se compone exclusivamente de la mente y el cuerpo emocional estados. La agresión no puede oír la voz de la razón porque está siendo ahogada por la respuesta de lucha o huida. Una vez que desarrollamos la asertividad, la agresión se hace innecesaria. La asertividad trabaja con nuestras actitudes de bondad, la curiosidad y la apertura para ayudarnos a satisfacer nuestras necesidades sin ningún tipo de agresión que entra en el cuadro. Y como resultado, obtenemos nuestras necesidades en lugar de sufrir las consecuencias de la agresión.

Capítulo 6: Explicación de las emociones

emociones básicas se produjo en respuesta a los desafíos ecológicos, con cada sentimiento que corresponde a un circuito neurológico distinto y dedicado. Sólo de ser cableados, las emociones básicas son innatas y universal, automática y rápida a menudo causadas para proporcionar un valor de supervivencia. La sensación subyacente no es lo mismo que una emoción compleja que altamente varía de individuo a individuo; este tipo de opinión no se puede atribuir a los niños y los animales. Es debido a que es una compilación de emociones básicas y en su mayoría una mezcla de los básicos. las emociones primarias generalmente se comparan con los programas, y que puede ser abierta al condicionamiento cultural. Estas son algunas de las emociones básicas que se aplican en nuestras vidas.

- Tristeza: Esta emoción primaria se clasifica bajo emoción negativa. Se ve a menudo como lo contrario de la felicidad a pesar de que no necesariamente se aplica en cada situación o circunstancia. Siendo que es una sola emoción, tristeza puede ser la pérdida o el fracaso invocado o una respuesta psicológica en función del tema. La tristeza es, por lo tanto, se caracteriza por múltiples sentimientos, tales como impotencia, desesperación, pérdida, pena, y la decepción.

- Emoción: Ser excitado que se ha denominado como "pura emoción. Esto se debe a que es un sentimiento o situación por lo general lleno de actividad, alegría, euforia o incluso la interrupción. La emoción se denomina pura, ya que tiene objeto objetivo no rotundo. Con excitación, no hay reacción definido también. Lo que es seguro sin embargo, es que la sensación hace que la actividad ya que una persona siente algo debe hacerse.

- Ira: Por lo general es un estado emocional intenso que se asocia sobre todo con la respuesta a una acción o incluso un pensamiento. Podría implicar una fuerte respuesta incómodo y hostil a la provocación, el dolor, o la amenaza. Alguien que está experimentando la ira también tendrá efectos físicos en un individuo, tales como aumento de la frecuencia cardíaca, la presión arterial con púas. Es sentimiento predominante conductual, cognitiva y fisiológicamente.

- Temor: Es una emoción a menudo causada por la amenaza de peligro, dolor o daño. Con el miedo, el peligro no es inminente y no se dirige hacia un objeto o situación que presenta un peligro real. La reacción es que el miedo es involuntario, incluso cuando no parece razonable. En la mayoría de los casos, un individuo o animal experimentará el miedo de cualquiera de los conocidos o desconocidos, ya sea a través de la imaginación de la experiencia.

- Alegría: La sensación de placer extremo, alegría, bienestar, o satisfacción se describe a menudo como alegría. La emoción de la alegría no es necesariamente asesorado por ocurra algo positivo; más bien, podría ser la exaltación del espíritu que surge y simplemente una actitud del corazón o espíritu. Es una sensación generalizada de que viene de muy abajo.

- Sorpresa: La sorpresa puede ser a la vez un negativo o las emociones positivas. Se trata de un sentido generalmente causado por un partido diferente que no sea usted, y, o bien el asombro, maravilla, asombro o es por lo general es más probable que la respuesta a emitir. Por lo general, es una emoción inesperada y repentina podría ser dependiendo de las circunstancias. Sorpresa tiene el poder de abrir otras emociones como la ira, la alegría o incluso miedo.

- Desprecio: El desprecio es una emoción generalmente adquirida cuando se mira hacia abajo sobre los demás, y en su mayoría se trata el juicio de las partes secundarias y podría ser fácilmente basa en la cultura, las normas, la moral, la clase, e incluso en algunos casos, la religión de otra persona podrían dar lugar a la emoción de desprecio. La otra persona por lo general se percibe como menos de una manera el desprecio persona sensible considera importante. Con el tiempo, la persona que experimenta el desprecio crea una distancia de relación entre ellos y la parte o partes involucradas. De esta manera, la emoción trae consigo el placer y la superioridad de la persona que se siente ella.

- Culpa: Sentirse arrepentida, responsable de un delito, ya sea en la existencia o no existencia. Durante este tiempo, una persona cree que han puesto en peligro sus propias normas o han violado las normas morales que se habían fijado anteriormente por sí mismos. Es una experiencia cognitiva que está estrechamente relacionado a sentir pena o remordimiento. La culpa o bien podría ser un sentimiento de falta de hacer algo o hacer algo que no se supone que un individuo que hacer. La emoción de la culpa también puede anticiparse y evitarse en algunos casos.

- Vergüenza: La emoción de la vergüenza a menudo se denomina como un sentimiento moral o social que es discreto y podría forzar a un individuo a ocultar o negar la acción o hecho que causa la emoción. Impulsado por la conciencia, esto es una emoción que genera un estado afectivo, donde se experimenta el conflicto por tener algo hecho de que uno cree o se le hace creer que no deben hacer, y viceversa. Los efectos negativos de la emoción pueden ser motivaciones de abstinencia, los sentimientos de angustia, impotencia, falta de autoestima, y la desconfianza.

- Asco: Esta emoción es menor de sentimientos negativos y una sensación se refiere a algo repugnante y podría ofender a distancia. La emoción está asociada con la aversión o desaprobación y, a menudo es seguido por una horrible sensación de repugnancia o náuseas. El ambiente alrededor o experiencia podrían causar disgusto y puede ser seguido por las expresiones físicas, la nariz arrugada, ojos entrecerrados, cejas bajadas entre otros reflejos musculares, dependiendo de la situación en cuestión.

Capítulo 7: Uso de ira de manera constructiva

Como frustrante como situaciones con carga emocional o imágenes mentales del pasado puede ser, pueden ser muy productivo. Es muy difícil porque si usted es una víctima de abuso en el pasado, no se puede dejar de emocionarse, y es un paseo en montaña rusa negativo.

Usted tiene que tratar de cambiar las cosas. Dependiendo de qué tan traumática puede ser la memoria, que llevaría más tiempo, pero se puede hacer. Puede cambiar las cosas por lo que es por lo que lo que habría sido experiencias negativas ahora y recuerdos negativos pueden producir algo productivo.

Puede optar por aprender

El aprendizaje es una opción, y esta elección nos obliga a canalizar nuestro enfoque. Tenemos que reorientar nuestra atención de conseguir aún, sintiéndose miserable, sintiéndose menos de una persona a optar por aprender de ella. ¿Qué puedes aprender de los desencadenantes negativos o experiencias? Bueno, aquí es sólo una breve lista. Esto es de ninguna manera una lista completa, pero no hay mucho aquí. Usted puede aprender los siguientes:

Es lo que desencadena

Las mayoría de las cosas obvias que se pueden aprender de sus experiencias al día tratando, así como sus recuerdos difíciles, son los factores desencadenantes. ¿Qué es exactamente lo que desencadena? ¿Es una imagen mental? Es que ciertas dichas palabras? Tienen cosas para combinar de manera tal para que pueda convertirse desencadenado emocionalmente? prestar atención a estos detalles porque cuanto más tenga, más fácil será para el desempaquetado los factores desencadenantes.

No estoy diciendo que va a llevar a cabo de forma automática su picadura, pero definitivamente se les puede hacer un poco más contundente para que no rasgan en ti. Eventualmente, puede ser tan redonda y tan ligero que lo hacen poco o ningún daño. Sin embargo, para que esto suceda, usted tiene que ser claro en cuanto a qué es exactamente lo que desencadena.

¿Cómo su montaña rusa emocional Juego específicamente?

La montaña rusa emocional que he descrito en un capítulo anterior es real, pero juega a cabo de diferentes maneras para diferentes personas. De nuevo, esto viene con el territorio, porque todos tenemos diferentes experiencias. Venimos de diferentes ámbitos de la vida. Tenemos diferentes orígenes, diferentes infancias, todas estas diferencias, por supuesto, añadir hasta un poco.

Por lo tanto, centrarse en lo que hace que su viaje en montaña rusa emocional y personal en particular. ¿Cómo se juega a cabo? Lo que sucede antes, durante y después? Cómo usted puede interrumpir su montaña rusa

Ahora que tiene una idea bastante clara de cómo lo contrario estímulos neutros que recoger de los cables mundo que le dice las cosas mal, pensando en las cosas que te hacen daño o estrés que fuera o en realidad hacer las cosas que empeoran, el siguiente paso es la figura encontrar la manera de bajar de la montaña rusa.

¿Cómo se puede alterarlo? Qué se necesita para respirar? Qué se necesita para alejarse? Qué se necesita para centrarse en otra serie de hechos? ¿Cree usted pensando en otra memoria que puede interrumpir? En cualquier caso, lo que necesita para tirar estas cosas.

Es un poco como tirar la pasta contra la pared. Muchas veces, un montón de las cosas rebotan, pero si lo siga haciendo, algo que se pegarán. Por lo tanto, preguntarse cómo puedo interrumpir mi montaña rusa emocional personal? No está condenado a montarlo. No tiene que seguir jugando de la misma manera triste una y otra vez.

La buena noticia es que cuanto más se intenta bajar de la montaña rusa, la más cerca del éxito será. Lo que es importante es que haya probado. Puede que no funcione las primeras veces, pero seguir haciéndolo. De nuevo, es como tirar los espaguetis en la pared. Con el tiempo, usted será capaz de alterarlo.

Tomar conciencia de su atención emocional Span

¿Y si te dijera que la humillante, degradante, la memoria más aplastante sólo parpadea sus emociones intensas durante un período relativamente corto de tiempo? Ahora, no me malinterpreten. Yo entiendo que cuando pasas por esos recuerdos que flash a través de su mente, se siente como siempre. Créeme, sé exactamente con la que está hablando, ya que me ha pasado.

Esto no quita el hecho de que estas emociones intensas no duran para siempre; de lo contrario, se vuelve loco. Esa es la cantidad de recursos que toman. Eso es lo estresante que estos son para sus facultades mentales y emocionales.

Al elegir a tomar conciencia de cuánto tiempo usted está comprometido por las emociones negativas, usted se da esperanza. Se da cuenta rápidamente que sus estados de ánimo negativos porque te provocada por una memoria o por algo que acaba de tener lugar no va a durar para siempre. No es una buena noticia?

Es un poco como ver a esta nube muy oscura adelante. Claro, que va a ser medible bajo esa nube porque está lloviendo, pero que va a pasar. De hecho, si nos fijamos en el cielo durante las tormentas, las nubes se mueven realmente muy rápido. Al centrarse en su capacidad de atención emocional, usted se permite que sea más esperanzador porque en su interior en el fondo, sabes que esto no es permanente. Este sople sobre. Como intenso y crudo, ya que puede sentir en este momento, mi cólera sople sobre.

Los hechos tal como son

Otra cosa que puedes aprender de momentos de intensa ira son los hechos de lo que disparará. En realidad se puede prestar atención a lo que realmente ocurrió. Este es un gran problema ya que a menudo la gente sólo presta atención a dos hechos y todo lo demás se supone. Ellos sólo tiene que rellenar en el resto de la imagen.

Cuando usted se centra en los hechos, se da cuenta rápidamente de que no es tan blanco y negro como parece. Del mismo modo que es fácil para que usted pueda ponerse nervioso por ciertas partes, otros hechos podrían apuntar a otras conclusiones. Usted se sentiría mejor si se toma esos hechos y corrió con ellos.

Los hechos Usted percibirlos

Otra cosa que podría aprender es cómo su mente percibe las cosas. Se empieza a observar la asociación entre ciertos hechos y sus conclusiones. Si se mantiene la repetición de este tiempo suficiente, es probable que empezar a reírse de sí mismo. Se podría decir: "Oh, bueno, eso es lo que pienso. Hablar de hacer las cosas peor para mí. No voy a hacer eso de nuevo ".

Usted tiene que permitir a sí mismo para llegar a ese nivel. En lugar de llamar a sí mismo, "Oh, yo soy un idiota por pensar eso. Oh, soy un perdedor."No, usted acaba de decir:"Está bien, eso es lo que solía hacer las cosas, y que conduce a un mal lugar. Ahora que sé y ahora soy consciente de que estos hechos no tienen que llevar al fin del mundo. Yo no tengo que hacer una gran cosa de ellos. Yo no tengo que ir en la parte más profunda ".

Usted puede aprender a pegarse a sus valores

Por último, se puede aprender cómo mantenerse dentro de sus valores, independientemente de su estado emocional. Esta es probablemente la mejor lección que se puede aprender. Las personas verdaderamente con clase son capaces de mantener su dignidad a pesar del incendio y explosión emocional que rabia dentro de ellos. No es fácil, pero una vez que elija a aprender de las situaciones que normalmente se desencadenan, usted será capaz de lograr el control interno, y esto, por supuesto, que ocurre cuando le das una salida de compromiso.

Impulsará de su cólera Gestión de Ciclo de aprendizaje de la siguiente manera:

Por favor, comprenda que la lista de cosas que he descrito anteriormente es difícil de aprender, porque eso es un montón de cosas para no perder de vista. Facilitar las cosas en sí mismo haciendo lo siguiente:

En primer lugar, es necesario mantener un diario. Usted no tiene que ser un novelista. Usted no tiene que escribir pasajes muy largos. Sólo mantener un registro de sus emociones. Mantenga un registro de lo que sucedió y cómo ha respondido a la misma. Centrarse en los hechos. Trate de hacer una lista de las cosas que usted podría aprender de la situación.

A continuación, el seguimiento de su progreso. Una vez más, esto es más fácil de hacer si se mantiene un diario. Sería muy bueno si usted es consciente de que al cabo de unos meses, se necesita mucho para desencadenar usted. De hecho, el momento en que se da cuenta de eso, las cosas se vuelven más fácil porque se puede llamar la esperanza y la confianza de eso. la rapidez con que se daría cuenta de que no tiene que asumir lo peor. Usted no tiene que perder el control emocional. Lo tienes en ti para responder a sus valores más altos.

Por último, cuando se lee su diario y se compara dónde se encuentra ahora con el lugar donde empezó, no puedo evitar la sensación de esperanza. De Verdad. Se termina por alentar a ti mismo, porque se da cuenta de lo lejos que ha llegado.

Puede que no sea en una situación perfecta, y usted todavía duda será muy lejos de ser perfecto, pero eres mucho mejor que cuando comenzó.

Es necesario mantener un diario. No tiene por qué ser una revista física. No tiene que ser un libro o un planificador que pueda hojear. Puede ser un documento electrónico simple que a usted guarda en su teléfono móvil o tablet o portátil.

En cualquier caso, es necesario encontrar una manera de registrar su viaje, el seguimiento de su progreso y inspirarse constantemente. Usted tiene que animarse, porque usted está comprometido en algo muy grande y profunda. La mayoría de las personas no son capaces de hacer esto porque no ellos mismos dan la oportunidad de hacerlo.

Estás haciendo algo grande, porque si usted es capaz de domesticar y redirigir su ira, el mundo se abre a usted. Ya no tiene que consistir en una decepción tras otra o de una oportunidad perdida tras otra.

El control emocional y el autocontrol, en general, puede conducir a un mayor éxito en todos los ámbitos. Estoy hablando de todas las áreas de su vida. Consigue que el diario ir y empezar a centrarse en los que está aprendiendo lecciones.

Capítulo 8: Cómo Prevenir La ira en el Futuro

Comprensión ira es un paso importante hacia la solución de sus problemas de ira y dificultades. Todos somos propensos a la ira de vez en cuando. Se dará cuenta de la mayoría de las personas son incapaces de evitar las dificultades de ira sólo porque la gente difícilmente se toman su tiempo para entender la ira. Incluso la simple evaluación de un evento provocado por la ira resulta difícil de la mayoría de la gente, por lo tanto, perdiendo la batalla para controlar la ira y la rabia.

En el caso de haber evaluado la intensidad de su ira, de las múltiples apariciones de reacciones de ira, es vital que usted sube con consejos y estrategias para la prevención de ataques de ira y rabia. Esto puede ser asesorado por una prueba de manejo de la ira o el programa de manejo de la ira. Mediante la adaptación de formas en las que no son propensos a los enfrentamientos y las reacciones de ira orientado, que se benefician mucho en la vida. La ira descontrolada va a tomar un peaje en su salud y sus relaciones que resultan en un estilo de vida poco saludable. Mediante la adopción de estrategias y consejos para el manejo de la ira, esto no quiere decir que nunca se va a enojar. En cualquier caso, la ira es un sentimiento saludable, pero la necesidad de gestionar de manera positiva es vital.

Las mejores estrategias y consejos para evitar la ira se basan en las intervenciones de manejo cognitivo-conductuales. Estas medidas implican cambiar la forma de pensar y comportarse. La idea detrás de gestión cognitivo-conductual es que sus pensamientos, sentimientos y comportamientos están entrelazados y conectados. Estas estrategias ayudar a desviar los pensamientos negativos o sentimientos que podrían alimentar su ira. A continuación se presentan consejos y estrategias que vienen un largo camino en la prevención de la ira.

Identificar sus desencadenantes Anger

desencadenantes de ira son acciones, hechos o eventos que inician emociones de ira en ti y es probable que eleve a una respuesta que podría causar la destrucción y daños. Otros acontecimientos impacto en cómo los factores desencadenantes de ira eligen superficie. Podrían estar profundamente arraigadas en el tiempo y los acontecimientos anteriores. Digamos que tuvo una infancia difícil interactuar con sus compañeros, ya que harían un fan de la forma esbelta que eras, incluso yendo por delante para provocar que Christen y sus nombres. Va a ser sensibles a lo que digan de su cuerpo una vez que usted es un adulto, y en un caso, un colega se adelanta a comentar sobre la forma del cuerpo o el marco de la misma manera, se le activa para reaccionar y defenderse a sí mismo.

Un balance de estos disparadores simples le dará una visión más profunda de las causas más profundas de la ira. Si el tráfico desencadena sus emociones y le bares de la normalidad y la forma en que va sobre su negocio debido a la ira, también es importante tener en cuenta que. Puede ser que incluso llegar a destructing simple y actividades para disfrutar durante el tráfico como leer un libro, escuchar audiolibros educativos, o incluso de aplicar el maquillaje para pasar el tiempo. Cualquier circunstancia es que los conjuntos de lo cierre y le impide perder la calma ya sea solos o en torno a otros, la identificación es el primer paso hacia el control de la ira éxito.

Aprender a expresarse

La mayoría un momento en que usted está enojado y lleno de resentimiento, a menudo echarle la culpa a una persona o evento. Esto causa más ira teniendo en cuenta que no es su culpa. " Al aprender a expresar cómo se siente acerca de una situación de una manera tranquila y recogida, que son capaces de dejar que la otra parte entiende a qué atenerse a partir de y su contribución a su ira y lo que se hubiera hecho o dicho de otra manera. Usted está en condiciones de tomar su tiempo entre el habla y expresarse con claridad. Esto, en comparación con el estallido obvio que es fácil caer en que un simple y sobrio charla va un largo camino en la solución de la situación en cuestión.

Está claro que sale de expresar sus sentimientos espectáculos consideración de otras partes, pero que, de esta manera, se le hace daño a otros o tratar de controlarlos. Por ejemplo, un caso en que sus colegas están manipulando un nuevo individuo empleado en su lugar de trabajo, dando el recién llegado más trabajo, así como el uso de formas de obtener él o ella para hacer algo amenazante, que tienen libertad para enojarse y hacer frente a la situación . Sin embargo, si usted le grita a ellos y espera que cambien su comportamiento, que puedan causar más problemas e incluso empeorar la situación. Al poner su pie en el suelo con calma y expresando su preocupación por el problema, el mal comportamiento es probable que cesen por lo tanto una alta probabilidad de éxito.

Tomando Time Out

Es recomendable que deje lo que está causando sentimientos de ira y tomar una respiración profunda para escuchar a ti mismo. Tomarse el tiempo no es un signo de debilidad; de hecho, se muestra la resistencia durante la manipulación de una circunstancia que podría dar lugar a la indignación y la ira incontrolable sentimientos. Ya sea que decida cantar un mantra, contar de uno a diez, o incluso tener una serie de respiraciones profundas para calmarse durante el tiempo de espera, es importante que se rompe el proceso de la ira. Los pocos momentos de silencio y concentración para su proceso de pensamiento ayudarán en la gestión de sus pensamientos y sentimientos.

Técnicas de relajación práctica

Diferentes personas tienen diferentes maneras de relajarse. Es altamente recomendable que usted adopta técnicas de relajación para suprimir cualquier esfuerzo que se produce que podrían dar lugar a la ira o desencadenar un suceso desafortunado. La ira le da un torrente de energía, y la mejor solución, en este caso, está participando en la actividad física. Al mover su cuerpo, se mejora mucho su tolerancia a la frustración. En el caso de que siente que su ira creciente, se puede ir a dar un paseo a paso ligero o correr para ayudar a relajar su mente y tener su cuerpo en movimiento. Usted también puede disfrutar de ejercicio en la casa y en la práctica como tomar posiciones de yoga para deducir la sensación.

Diarios de la escritura en la situación en cuestión también animará a la relajación y mantener su mente de la celebración de los pensamientos y sentimientos negativos probable que la ira de combustible. Estas prácticas de relajación pueden ser elegidos de acuerdo a la preferencia debido a un método podría funcionar para usted y no proporcionan la misma relajación para otra persona.

Buscar ayuda

Una vez que se dispuso a manejar su ira, no es un proceso fácil; tampoco es un paseo por el parque. Se le enfrenta con desafíos que a veces pueden causar que el resultado de una explosión o incluso reanudar las tendencias anteriores de ira. La búsqueda de un familiar cercano o amigo, incluso ayudará a evaluar lo que está pasando y cómo reanudar con éxito su plan de manejo de la ira. Además, volviendo a visitar a un experto no significa que haya perdido la batalla de la lucha contra las emociones incontrolables de ira, pero esto podría ser reforzar lo que ya comenzó. Como individuo, el seguimiento de sus señales de advertencia con el fin de saber cuándo buscar medios de ayuda que usted es fiel a sí mismo y por lo tanto la motivación para seguir adelante con el cambio.

Poniendo pensamiento en su discurso

Siempre que necesite para hacer frente a un pueblo individuales o múltiples en un determinado tema fundamental de si o no, es importante que tome su tiempo y poner un poco de pensamiento en lo que vas a decir. Por ejemplo, si usted ha sido elegido a miembros de la familia en la dirección de un asunto importante, no se olvide que cada individuo proviene de una escuela de pensamiento diferente y la percepción es relativa. Si le sucede a desencadenar sentimientos de ira o pensamientos de ellos, algunos de ellos podrían elegir reiterar, y en tal caso, usted será propenso a responder con ira. Además, escuchar a otras partes dispuestas a responder a un problema reduce las posibilidades de decir o hacer cosas lamentables, y el resultado final será mejor comprensión y resolución de problemas.

Enfócate en la solución

En vez de concentrarse en el tema que ha provocado su ira, se aconseja que desviar su mente y pensamientos a la solución. Por ejemplo, si su hijo tiene un hábito de poner las sobras en el lavabo, por lo tanto, lo que obligó a seguir pagando el fontanero para desbloquear las tuberías, gritando a él o ella cada vez que ocurre sólo va a provocar más ira que podría conducir a abusiva comportamiento, la búsqueda de una solución podría ser el mejor movimiento. Es posible que desee para entrenarlos en cómo pour porciones por sí mismos con el fin de terminar la comida o comprar el niño un cubo importante que se adapte a su altura y también es accesible para ellos. Es fundamental que se tiene en cuenta gritando y llamando a los nombra también tendrá un efecto negativo en su hijo.

Invertir en contenido positivo

Si es el tipo de música que escuchas, los libros a los que decide leer, películas o programas de televisión de invertir su tiempo y energía en, es parte de la estrategia para adquirir positivo y el contenido útil. El contenido tiene una manera de desencadenar pensamientos y sentimientos, y es hasta usted para asegurarse de que no le envía a un lugar oscuro que podría desencadenar la ira y el comportamiento que podrían dar lugar a sentimientos de tristeza. Al igual que la frase 'eres lo que comes' usted es también el contenido que se alimentan de elegir y consumir en cualquier momento dado. El contenido tiene el poder de evocar emociones de alta excitación como la alegría y el miedo. La ira es una emoción de alta excitación también, y es la vez que consume contenidos; podría surgir sin saberlo, por lo tanto, lo que lleva a la rabia.

Al darse cuenta de los sentimientos debajo de su ira

La ira se ha demostrado ser una reacción usada para protegerse de mostrar emociones dolorosas como la vergüenza, la decepción y la tristeza. La mayoría de la gente exuberantes a cabo sin tener en cuenta los sentimientos subyacentes. Cuando alguien dice algo hiriente y degradante, es posible que correr para una respuesta en la ira de inmediato para enmascarar la vergüenza que usted o incluso la decepción ha causado. Al decir que como lo es para el sujeto, y por esto, me refiero a etiquetarlo como es, usted estará en condiciones de tomar las medidas apropiadas, incluso si esto significa diciendo que a la persona en el mal. Con sólo decir "realmente me avergonzado por que me llama un cerdo delante de mis hijos" la persona en cuestión será saber exactamente cómo se sentía acerca de ese mismo sucediendo. Pero arremetiendo y, probablemente, golpeando la puerta detrás de ti, la persona sabrá exactamente cómo se siente.

Desarrollar habilidades de saber escuchar

En algunos casos, la ira puede ser causada por una falta de comprensión adecuada de lo que se dijo y por qué se dijo. Como parte de la mejora de la comunicación, la escucha le da la oportunidad de procesar lo que se oye, y, en este caso, que son capaces de responder de manera adecuada con un punto de vista sobrio. Si se trata de una conversación entre usted y su cónyuge o con su jefe, dándoles espacio para expresarse en el medio asistencias de conversación en la prevención del cólera o cualquier posibilidad de un malentendido. Usted estará en condiciones de comprender el tema, e incluso si usted tiene que tomar el tiempo para responder, escucha juega un papel importante en el control de los sentimientos de ira.

Capítulo 9: creencias sobre el hombre enojado Negro

Muchos hombres negros desde la esclavitud están familiarizados con las nubes de la adversidad que les pesará. Algunos son autoinfligidas y, mientras vivía en un mundo de maldad, espera nada, como un número de hombres que son tratados injustamente. Los blancos y los agentes de policía en los Estados Unidos están matando a los hombres negros injustamente. Tres hermanos, Jackson, Wiley, y Ronnie (Kwame Ajonu) Bridgman fueron condenados y enviados a la cárcel por asesinato. Cuarenta años más tarde, se volcó su convicción.

¿Hay una manera de salir del lío en el que tantos hombres negros se encuentran atrapados? ¿Dónde pueden ir a buscar ayuda? ¿Quién está dispuesto a escuchar en un mundo moderno, de ritmo rápido en el que muchas personas no tienen tiempo para asociar entre sí? El logro de metas ambiciosas, persecuciones, ganar dinero, y la adquisición de las cosas es más importante que tener un interés en la vida de las personas.

La educación, ya sea profesional o académica, es una manera de salir del lío para algunas personas. Hay personas que creen que es un alivio temporal de la gran problema. restos de ira en el corazón de muchos hombres negros, independientemente de su estado. Cada uno ha tenido circunstancias desafortunadas que dejaron una huella en sus almas.

¿Cuántas personas permitir que las dificultades sean una abertura de la esperanza de inspirar a lograr grandes cosas en la vida? El reto para cada persona es no permitir que las dificultades para perforar la psique mental. Esto puede llevar hacia abajo a medida que se espacian en dificultades a diario durante todo el día. Los que están afectados necesidad de seguir adelante con sus vidas. Utilizar sus talentos y habilidades para bendecir a las personas que se encuentren en su camino.

Cuando un hombre se hace cargo de su vida en medio de las pruebas severas, incluso sus enemigos van a hacer una pausa y tomar nota de una de esas personas que es victorioso mientras se regocijaban en la adversidad. Durante la intensidad de las dificultades, algunos hombres encuentran su propósito en la vida. En el momento en una, determinan en sus corazones a usar sus talentos positivamente. La familia se hace más significativa para ellos, ya que descartan cualquier tipo de mentalidad negativa. Los hombres en esta forma de pensar no dudan en hacer las paces con personas a las que han hecho daño. Al final de su viaje, si son consistentes al tiempo que sus ojos puestos en la marca, obtendrán la prosperidad y buena salud.

Lo que pasa con la ira - a menudo es muy clara corte. La ira no es una emoción puede ocultar por toda su vida. En un momento dado, la ira incontrolada le afectará. Nos ASK es una emoción que no es más que la ira mal entendido? Muchas personas creen que la celebración de esta emoción es malo para usted - que sólo se basa en la presión de expresar y el momento en que decide salir, lo hará de forma inesperada. Prolongada ira y bustos bruscos no son saludables para usted. Esta emoción es muy fuerte y tiende a despertar el sistema nervioso. De hecho, produce efectos en todo el cuerpo.

Lamentablemente, come ira lejos en sus órganos vitales, más por lo que el sistema cardiovascular. Afecta a su intestino y secuestra el sistema nervioso. También afecta a su capacidad de pensar con claridad. Además, la ira sin vigilancia tiende a crecer dentro del cuerpo.

El hecho de que la supresión de la ira es mala, no significa que todas las formas de expresión son buenas. Usted no es necesariamente mejor través de la expresión - Es posible destruir las cosas y las personas que le rodean. La ira no siempre desaparece sólo porque una persona que ha desatado - No. Expresando la ira no siempre ofrecen una catarsis. Por otra parte, la ira de ventilación, ya sea en palabras o acciones no hace que sea más fácil de manejar. A menudo, la ventilación inadecuada sólo aumenta la intensidad de nuestros sentimientos. La ira puede ser clasificado como autosuficiente - se alimenta de sí mismo y se multiplica. Además, cuando usamos la agresión para expresar la ira, traemos un daño irreversible a nosotros mismos y las personas que nos rodean.

La mayoría de nosotros tenemos un reto manejo de la ira y otras emociones negativas intensas. Curiosamente, la ira es una de las emociones que los hombres consideran 'aceptable' a la pantalla. La sociedad se ha enseñado a los hombres que no es correcto mostrar debilidad y cada tema desafiante puede ser resuelto a través de la violencia. En pocas palabras, un hombre no debe aceptar la derrota con facilidad. Más interesante, los hombres no siempre tienen la ira bien cuando otra persona está mostrando hacia ellos.

Aunque los hombres son permitidos por la sociedad para mostrar su enojo, las mujeres no lo son. En la mayoría de las culturas, las mujeres se ven obligadas a ocultar su ira. De hecho, llegan a ser tan buenos en ocultar su ira; se convierte en una parte natural de ellos. Simplemente porque la ira es tan fuerte y negativa cuando se expresa de manera irracional, muchas personas temen que, por lo tanto, la creación de tabúes en la pantalla abierta de la ira. Tal vez usted puede recordar un momento durante su infancia, cuando alguien (podría ser usted u otra persona) intenta expresar su ira por pisando fuerte alrededor de la casa Entonces alguien les ordenó que dejaran de ser infantil.

Tal vez usted puede recordar a alguien que intentó compartir su / sus sentimientos de ira con la madre y en su lugar, él / ella se conserva. La triste realidad es, en estas condiciones desfavorables, nadie aprende cómo expresar la ira ni administra de manera apropiada. Todo lo que se aprende es cómo ocultar, suprimir o ignorar la ira, y en casos extremos, las tiramos en otra persona. Este es el mismo escenario donde se aprende a culpar a otros por nuestros sentimientos.

Los estudios han revelado que si una persona es capaz de identificar y emociones de la etiqueta de una manera correcta, y también hablar de ellos de una manera recta hacia adelante hasta el punto de sentirse comprendido; es más fácil para él / ella para hacer que los sentimientos negativos se disipan. En consecuencia, el Despertar psicológicos que se producen a partir de tales sentimientos también desaparecen de forma espectacular.

Sin embargo, cuando la sociedad es incapaz de mirar a la ira de manera constructiva por lo tanto considerándola totalmente inaceptable, la gente se queda en un estado de excitación emocional, porque no pueden etiquetar lo que están sintiendo como la ira. Llegamos a ser incapaz de prestar atención a las cosas que suceden a nuestro alrededor. Además, no somos capaces de expresar constructivamente ira.

La negación nos hace incapaces de comprender y regular nuestro comportamiento, ya que mantener la concentración en el estado emocional interno. De hecho, tenemos la tendencia a experimentar la excitación física excesiva en situaciones en las que están implicadas las emociones negativas. Sin embargo, debido a los tabúes, que no muestra ningún signo externo de la ira o la respuesta emocional negativa. Imagínese lo que es confuso para un amigo o cónyuge. También es confuso para nosotros.

En algunos casos, sin embargo, experimentamos sentimientos de alivio después de la apertura y el compartir con alguien acerca de nuestra ira y su causa. Los psicólogos dicen que este tipo de intenso alivio se experimenta porque, en lugar de venteo o expresarnos de una manera constructiva, reconocemos las circunstancias que llevaron a nuestro trabajo y el estado emocional de manera constructiva para encontrar una solución.

Y que los puntos de positividad hacia los beneficios de la ira. Actúa como un motivador para nosotros cambiar. La ira nos anima a hablar de las cosas que nos molesta y encontrar soluciones.

Pero lo bueno y malo de la ira es todo en la forma en que nos expresamos. A medida que la ira nos empuja a la acción de las cosas molestas, sino que también nos lleva a reaccionar de forma exagerada. Lo primero que debemos garantizar es que alargamos nuestra fusible de la ira - no tenemos que reaccionar a cada pequeña cosa molesta - en su lugar, podemos pensar en nuestro camino a una solución viable.

Algunas de las formas que puede utilizar para alargar el fusible de la ira incluyen;

- Tomar tres respiraciones profundas.

En el nivel más básico, la ira se acumula tensión en el cuerpo. Respirar profundamente y exhalar ayudará a aliviar la tensión y por lo tanto disminuir su ira.

- Cambie su medio ambiente

La ira puede ser una trampa y cuanto más tiempo permanezca en una situación que le está molestando, más probabilidades hay de actuar irracionalmente. Por lo tanto, la forma más rápida y más eficaz de desacoplamiento a sí mismo de la fuente continua de ira es a alejarse. Por lo menos tomar un descanso de cinco minutos de la escena y conseguir un poco de aire fresco. Si usted está atascado en el tráfico, hacer un escape mental con el canto en la parte superior de sus pulmones o girar la radio.

- Conocer la causa de su ira.

Usando el diario ira, localizar a los acontecimientos, las cosas y las personas que la ira gatillo. Normalmente, la ira es una máscara para nuestros miedos más profundos. Por lo tanto, mirar más allá de la superficie - lo profundo y escondido temores que están haciendo enojado en este momento.

- dejar ir lo que no se puede controlar.

Como usted busca maneras de manejar su enojo, saber que lo único que está realmente capaz de cambiar es a ti mismo. No es a usted para controlar la forma en que otras personas actúan, pero cuál es su reacción a ellos es totalmente su decisión. Enojarse no soluciona la situación y, de hecho, hará que se sienta peor. Si alguien sigue provocando su ira, alejarse de ellos. Si alejarse no es una solución plausible, una lluvia de ideas para otras posibilidades.

- Expresa tus sentimientos

Al compartir cómo se siente, asegúrese de usar los tonos medidos y pensar en primer lugar. Utilizar las palabras adecuadas que no están cargados emocionalmente. Asegúrese de que usted se está comunicando de una manera no conflictiva pero firme. Estado que está enojado, explique la razón y tratar de encontrar una solución.

- Ser cauteloso

Expresar cómo se siente de una manera constructiva y apropiada es una buena cosa. Sin embargo, es necesario mirar hacia fuera para situaciones peligrosas. Por ejemplo, si tiene una pareja celosa o abusivo, compartir evitar con él / ella. En su lugar, ventilar ta amigo o persona de confianza. Es posible encontrar una solución a su problema de una manera que nunca imaginaste.

- Sea firme en la expresión de sus sentimientos y evitar la agresión

La asertividad requiere que se hable de una manera no violenta pero eficaz. A veces puede que tenga que ensayar su respuesta antes de entregarlo a la otra persona.

- Hacer declaraciones positivas

Puede que tenga que internalizar algunas declaraciones positivas que usted canta a sí mismo cuando está enojado. Estas declaraciones servirán como un recordatorio de que usted es responsable de su propio comportamiento. Diciendo que las declaraciones a ti mismo también le ganar algo de tiempo para pensar antes de actuar. Ellos te protegen de las reacciones viscerales. Por ejemplo, puede decir: "Yo puedo cuidar de mis necesidades." "Las necesidades de las otras personas son tan importantes como la mía." "Soy capaz de tomar decisiones buenas."

Independientemente de si usted expresa o la ira de supresión, esta emoción puede hacer que se enferme.

La ira descontrolada es una emoción que tiene efectos físicos adversos. Cuando estamos enojados, nuestros cuerpos normalmente liberan hormonas cortisol y la adrenalina. Estas son las mismas hormonas que se liberan cuando sufrimos estrés. Cuando estas hormonas se liberan, nuestra presión del pulso, la sangre, las tasas de respiración, y la temperatura corporal pueden aumentar, y en casos extremos, a niveles potencialmente peligrosos. Las reacciones químicas y hormonales que tienen lugar cuando estamos estresados están diseñados para darnos una potencia instantánea y un impulso de energía para activar el modo de lucha o huida. Esto significa que la mente y el cuerpo se activan para correr o defenderse del peligro.

Sin embargo, las personas con problemas de manejo de la ira (enojarse a menudo) se pueden enfermar debido a las reacciones físicas no regulados. Al igual que el estrés deja sin trabajar, la ira también puede hacer que una persona enferma. Básicamente, nuestros cuerpos no tienen la capacidad de manejar niveles excesivos de cortisol y adrenalina sobre todo si estas hormonas y productos químicos se liberan constantemente. Algunos de los problemas que pueden ocurrir debido a la ira normal que ocurre durante largos períodos de tiempo incluir;

- Problemas para dormir

- Trastornos de la piel

- Los problemas con la digestión,

- Dolores y molestias más aún en la espalda y la cabeza,

- El umbral reducido de dolor,

- La presión arterial alta que podría conducir a un paro cardíaco y accidente cerebrovascular

- alteraciones de la inmunidad,

La ira también puede conducir a problemas psicológicos, incluyendo;

- Depresión

- Alcoholismo

- Auto lastimarse

- Abuso de sustancias

- Trastornos de la alimentación

- Reducción de confianza en sí mismo

Algunas de las cosas claves que debe tener en cuenta sobre la ira ser poco saludable para usted;

la ira crónica aumentará sus probabilidades de tener un ataque al corazón o accidente cerebrovascular. También se debilitará su sistema inmunológico.

Las mejores maneras de lidiar con la ira incluyen inmediatamente al respirar profundamente y alejarse.

A largo plazo, la ira puede ser gestionado a través de la identificación de sus factores desencadenantes, cambiar sus reacciones y buscar ayuda profesional.

La ira puede ser bueno cuando se expresa de una manera saludable y se dirigió rápidamente. De hecho, en ciertas circunstancias, la ira puede ayudar a uno a pensar racionalmente. Sin embargo, la ira malsana causará estragos en su cuerpo y también a las personas que le rodean. Cuando se mantiene la ira en durante largos períodos, que va a explotar en cólera completa. Si no saludables y tienen episodios de ira o son propensos a perder su ira de vez en cuando, a continuación son algunas de las razones por las que debe aprender el manejo del enojo.

- estallidos de ira ponen su corazón en riesgo.

Las investigaciones han revelado que los arrebatos de ira afectan a la salud cardiaca de una persona. ¿Cómo es eso? Básicamente, en las primeras dos horas después de una explosión, sus posibilidades de conseguir un ataque al corazón doble. Se encontró que esta investigación para ser más cierto en los hombres. La ira está dañando físicamente.

Si usted no puede expresar la ira de manera apropiada, se convierte en un poco de silencio veneno en el cuerpo. Poco a poco, ira reprimida explotará y te puede llevar a una muerte temprana. Los investigadores encontraron que las personas que son más propensas a la ira (y que la ira se convierte en parte de su personalidad) corren un mayor riesgo de enfermedad coronaria en comparación con aquellos que son menos enojado.

Para proteger su ticker (corazón), es importante identificar y hacer frente a sus emociones y más aún la ira antes de que se vaya fuera de control. Básicamente, todo en exceso es tóxico. Sin embargo, es importante tener en cuenta que la ira constructiva no se asocia con las enfermedades del corazón.

la ira constructiva implica que la que usted habla directamente a la persona que le está molestando e identificar una solución. Es el tipo de ira que le hace más racional.

- La ira aumenta sus probabilidades de tener un accidente cerebrovascular.

Si usted tiene un desafío de controlar la ira y se mantiene atacando a la gente de todas las otras cosas, tenga cuidado. Un estudio reveló que las personas con problemas de manejo de la ira están a tres veces más riesgo de sufrir un ACV. ¿Cómo? Tu puedes preguntar. Durante las dos horas siguientes un estallido rabia, hay posibilidades de conseguir un coágulo de sangre en su cerebro y hemorragia en el cerebro hasta la muerte. Para aquellos con un aneurisma en una o más de las arterias del cerebro, hay una posibilidad de seis veces mayor de ruptura después de una explosión.

La buena noticia es que se puede aprender a controlar estas explosiones. En primer lugar, identificar los factores desencadenantes, luego aprender cómo cambiar sus respuestas. En lugar de dejar que su control de la ira que, hacer algunos ejercicios, cambiar su entorno, utilice habilidades de comunicación asertiva, aprender algunas otras habilidades de manejo de ira para mantenerse en el cargo.

- La ira debilita su sistema inmunológico

Si usted está enojado todo el tiempo, es posible que haya notado que se enferma con frecuencia. El estado de confusión de su cuerpo que se produce cuando se está interfiere enojado con los niveles del anticuerpo inmunoglobulina A. Estos son la primera línea de defensa contra las enfermedades y problemas de ira las células del cuerpo ellos inferior, durante al menos seis horas después de una explosión. Si usted es habitualmente enojado y mantener la pérdida de control, proteger su sistema inmune a través de varias estrategias de adaptación, como la resolución de problemas eficaz, la comunicación asertiva, a través de la reestructuración y el humor. Es necesario alejarse de la mentalidad de blanco y negro y ser más abierto a las opiniones de los demás. Recuerde que estar de acuerdo con la opinión de otra persona no te convierte en un suelto. Dejar que otra persona tenga su / su camino no te hace débil. De cualquier manera,

- problemas de ira hacen que una persona ansiosa.

La falta de control hace que te preocupa, aunque puede que no note. La ira y la ansiedad van de la mano. Un estudio realizado en 2012 reveló que la ira puede empeorar los síntomas del trastorno de ansiedad generalizada. Esta condición se caracteriza por la preocupación incontrolable y excesiva que interrumpe la vida normal de una persona. Las personas con TAG se encontró que tenían niveles más altos de la ira y la hostilidad. Esta ira se internaliza y sobre todo no expresada de este modo contribuir más a la gravedad del problema de ansiedad.

- La ira también se ha relacionado con la depresión.

La ira, la agresión, y la depresión están conectados. Según numerosos estudios, estos tres estados están interconectados especialmente en los hombres. La mayoría de las personas que sufren de depresión tienen pasiva ira - es decir, una forma de ira por el que una persona reflexiona sobre el tema en cuestión, pero casi no toma medidas. El mayor problema con este tipo de ira es que se tira de la persona más profundamente en el ciclo de la depresión. Los psicólogos aconsejan que cuando uno está luchando con la depresión, debería ponerse a trabajar con el fin de evitar el exceso de pensamiento sobre las cosas.

Se aconseja cualquier actividad que pone a su mente de la ira cosas elaboración de la cerveza. Involucrarse en ciclismo, golf, pintando, cantando, o cualquier otra cosa que atrae a su mente lejos de la ira. Estas actividades tienden a llenar su mente y atraerlo hacia el momento presente. No hay más espacio para que usted pueda elaborar cerveza rabia una vez que su mente está ocupada con otras cosas.

- La ira puede dañar los pulmones.

Si pensabas que el tabaquismo es la única mala práctica que podría dañar sus pulmones, aquí hay algunas noticias. Estar enojado perpetuamente puede dañar sus pulmones. La ira conduce a la hostilidad que a su vez afecta a la capacidad de sus pulmones. Una investigación realizada por científicos de la Universidad de Harvard durante ocho años acerca de la ira y sus efectos encontrado que las personas con altos índices de hostilidad y la ira crónica tenían una capacidad pulmonar más baja en comparación con otros. Los hombres con la calificación más alta hostilidad tenían una menor capacidad pulmonar. En consecuencia, estaban en riesgo de desarrollar algunos problemas respiratorios. Los científicos teorizaron que un aumento de las hormonas del estrés asociado con sentimientos de ira crea inflamaciones de las vías respiratorias.

- La ira se acorta la vida.

Como se suele decir, la gente feliz vive más tiempo. El estrés está conectado directamente con la salud en general. El estrés y la ira interfieren con su vida útil. Una investigación realizada por la Universidad de Michigan reveló que las personas que llevan a cabo en la ira por mucho tiempo tienen una vida útil más corta que los que expresan sus sentimientos de una manera constructiva.

Si usted es una persona que se sienta incómodo expresar sus emociones, la práctica cómo compartir sus sentimientos de manera constructiva. Si trabaja por su cuenta no parece trabajo, buscar la ayuda de un terapeuta. Una expresión saludable de la ira es en realidad muy beneficioso. Si una persona viola sus derechos que tienen todas las razones para decirles que están equivocados. Asegúrese de decirle a la gente exactamente cómo se siente y lo que necesita en un firme pero de manera respetuosa.

Capítulo 10: Todo sobre las emociones

Los sentimientos y las emociones están estrechamente interconectados, que no necesita ser discutido. Lo que está incrustado en estos conceptos, que las comparaciones entre ellos? Los intentos para distinguir entre los conceptos de "sensación" y "emoción" se han hecho durante mucho tiempo. Incluso W. McDougall escribió que los términos "emoción" y "sentimientos" son aceptadas con gran incertidumbre y confusión, lo que corresponde a la incertidumbre y la diversidad de opiniones sobre la base, las condiciones de ocurrencia, y las funciones de los procesos en los que estos términos se refieren . Los estudiosos modernos que consideran que las comparaciones de los sentimientos y las emociones se pueden dividir en cuatro grupos. El primer grupo identifica los sentimientos y las emociones o da la sensación de la misma definición que otros psicólogos dan emociones; el segundo cree que los sentimientos son un tipo de emoción (fenómenos emocional); el tercer grupo define la sensación como un concepto genérico que combina varios tipos de emociones como formas de experimentar sentimientos (emociones, los afectos, los estados de ánimo, pasiones, y el propio sentimiento); el cuarto - delimita sentimientos y emociones.

Todo esto conduce al hecho de que no sólo existe una confusión terminológica, sino también una confusión continua en la descripción de un fenómeno particular.

Los sentimientos son como las emociones. V. Wundt, distinguiendo entre los elementos objetivos y subjetivos de sensación, la ex designada como sólo una sensación, y la segunda como simplemente los sentimientos. Sin embargo, las características de este último indican que estamos hablando de las experiencias emocionales, las emociones, no los sentimientos. A pesar de esto, las experiencias emocionales comenzaron a ser designado como sentimientos, que se dividen en simples (por debajo) y complejo (arriba). Para muchos psicólogos, el concepto de "emociones" y "sentimientos" son sinónimos.

A veces se habla de emociones circunstanciales, tratando de esta manera de separarlos de las emociones superiores, llamados sentimientos. Esto probablemente no es necesaria porque las emociones son siempre situacional. A menudo, las emociones se llaman sentimientos, y viceversa, los sentimientos se conocen como las emociones, incluso por aquellos científicos que, en principio, distinguir entre ellos.

En un libro de texto de América, W. Quinn dice: "Las emociones son la actitud subjetiva de una persona para el mundo, con experiencia como la satisfacción o insatisfacción con las necesidades. Estos sentimientos pueden ser agradables, desagradables, y se mezcla. La gente rara vez experimentan emociones puras"y otros. El psicoanalista alemán P. Kutter usa la palabra "sensación" en el sentido más amplio, incluyendo al referirse a las emociones.

OM Leontyev considera sintiendo una subclase especial de fenómenos emocionales. Se distingue sentimientos de emociones por su naturaleza objetiva, que surge como resultado de una generalización específica de las emociones asociadas con un objeto específico. La aparición de sentimientos objetivas expresa la formación de relaciones emocionales estables, una especie de "constantes emocionales" entre una persona y un objeto.

En las emociones del PO Rudyk incluyen estados de ánimo, afectos, sentimientos e inferiores y superiores. A continuación, los sentimientos incluyen la satisfacción o insatisfacción de las necesidades naturales, así como los sentimientos (sentimientos) asociado con el bienestar (fatiga, letargo, etc.). surgen sentimientos más elevados en relación con la satisfacción o insatisfacción de las necesidades sociales de una persona.

El científico hizo la distinción más clara entre las emociones y sentimientos. Señala que la emoción es situacional, es decir, expresa una actitud estima que la situación existente o futuro posible, así como a sus actividades en la situación. Los sentimientos no tienen un carácter claramente expresada "objetivo" (objeto). Los sentimientos son una actitud emocional constante. Esencial y Comments Un Leontiev, que la emoción y los sentimientos no pueden coincidir e incluso se contradicen entre sí (por ejemplo, un hombre muy querido en una determinada situación puede causar una emoción pasajera de descontento, incluso la ira).

En alguna literatura sobre este tema, se observa la imagen opuesta. Tienen sólo la sección "Sentimientos", que habla de las diversas formas de experimentar sentimientos - los estados de ánimo, emociones, pasiones, y afecta, incluso sus propios sentimientos.

Esta opinión es compartida por GO Fortunato, que clasifica las emociones como un tono sensual, procesos emocionales y condiciones (las emociones, de hecho), afecta el estado de ánimo, que sirve para expresar los sentimientos de una persona. Si se adhieren a esta definición, se debe reconocer que las emociones no existen sin sentimientos. Por lo tanto, el sentimiento, desde el punto de vista de los autores anteriores, es un concepto genérico para las emociones.

OG Maklakov, teniendo en cuenta los sentimientos como uno de los tipos de estados emocionales, se diferencia de la siguiente manera:

Las emociones, por regla general, tienen el carácter de una reacción de orientación; es decir, que llevan la información primaria sobre una falta o exceso de nada; por lo tanto, ellos son a menudo vagos e insuficientemente dado cuenta (por ejemplo, una vaga sensación de qué). Sentimientos, por el contrario, son principalmente objetiva y específica. un fenómeno como el "sentimiento incomprensible" habla de la incertidumbre de los sentimientos, y el autor lo considera como un proceso de transición de sensaciones emocionales a los sentimientos.

Las emociones están más asociados con los procesos biológicos y sentimientos - con el ámbito social.

Las emociones están más relacionados con la esfera de lo inconsciente, y los sentimientos son máximamente representadas en nuestra conciencia.

Las emociones a menudo no tienen una cierta manifestación externa, pero los sentimientos hacen. Las emociones son a corto plazo, y la sensación es a largo plazo, lo que refleja una actitud constante hacia los objetos específicos. A menudo una sensación se entiende como una generalización específica de las emociones experimentadas por una persona. En realidad, puede suceder, pero sólo como un caso aislado.

Los sentimientos se expresan a través de ciertas emociones, dependiendo de la situación en la que el aparece objeto, a la que cierta persona experimenta una sensación. Por ejemplo, una madre, amante de su hijo, para experimentar diferentes emociones durante su sesión de examen, dependiendo de lo que será el resultado de los exámenes.

Cuando el niño va al examen, la madre se sentirá ansiedad, y cuando ella se informa de un examen con éxito, es alegría, y si no lo logra, será decepcionado, frustrado, enojado. Esto y ejemplos similares muestran que las emociones y los sentimientos no son los mismos. Por lo tanto, no existe una correspondencia directa entre los sentimientos y emociones: la emoción en sí mismo puede expresar diferentes sentimientos, y la misma sensación puede expresarse en diferentes emociones.

Sentimientos como una actitud emocional estable hacia un objeto significativo (actitud emocional). Según algunos estudiosos, el uso científico del término "sentimientos" debe limitarse únicamente a los casos de una persona que expresa su positivo o negativo, es decir, la actitud evaluativa a cualquier objeto. Los sentimientos son la actitud interna de una persona con experiencia en diversas formas a lo que está sucediendo en su vida, lo que sabe o hace ".

Una relación subjetiva tiene tres aspectos que conforman su contenido o estructura: evaluativas, expresivos (emocional), y motivadora.

El aspecto de evaluación de la actitud está relacionada con la comparación de uno mismo y otras personas con ciertos patrones, normas de comportamiento, y determinar el nivel de logro.

Dependiendo de la evaluación (bueno-malo, bueno-malo, bueno-malo, honesto deshonesto, etc.) que una persona tiene una cierta actitud hacia el tema de la interacción (respetuosa o despectivo - a una persona, responsable o no - a su trabajo, formación, etc.).

El aspecto expresivo de la actitud se asocia con una persona que experimenta su actitud frente a la actitud objeto, en relación con la evaluación de las emociones. Por ejemplo, la evaluación de una persona de su insolvencia determina no sólo una actitud negativa hacia sí mismo, sino también una experiencia difícil en esta relación.

La idea de motivación de la actitud se expresa, por ejemplo, en los trenes e intereses, que se manifiesta en el deseo de dominar el objeto que se quiere, para ponerse en contacto con la persona que se ama, a participar en actividades que te gusta.

Estos tres aspectos de la relación no están divorciados entre sí, aunque en diferentes tipos de relaciones pueden expresarse en diferentes grados. Surge la pregunta: ¿hay todo tipo de relaciones subjetivas con sentimientos (es decir, las relaciones emocionales), o lo hacen sentimientos representan su clase especial? La respuesta parece obvia: por definición, las relaciones subjetivas están sesgados, contienen un componente emocional; Por lo tanto, son todos los sentimientos.

Sin embargo, el jefe puede tratar el bien subordinado como un especialista, él aprecia, dada su importancia para la eficacia de la producción se controla, pero no puede experimentar ningún sentimiento emocional para él, siendo completamente indiferente. En consecuencia, las relaciones subjetivas son posibles en las que el componente emocional está ausente. Desde aquí, los sentimientos pueden ser considerados solamente como una actitud hacia quién o qué, dónde la indiferencia de la persona resulta ser.

A diferencia de las emociones asociadas a situaciones específicas que resultan ser "aquí y ahora", sentimientos de objetos de la realidad real y lo imaginario se distinguen por los objetos que tienen un significado motivacional estable para una persona. Esto significa que a diferencia de las emociones, que reflejan las experiencias a corto plazo, la sensación es de larga duración y pueden permanecer de por vida.

También es importante que los sentimientos como formaciones estables pueden ser tanto en campo abierto y en forma potencial, oculto). Duración y el secreto es un estado de caracterización de las actitudes psicológicas. Por lo tanto, una actitud positiva o negativa oculta largo y hacia alguien o lo que es una actitud emocional, un programa de respuesta emocional a un objeto específico cuando se percibe y se presenta en ciertas situaciones de la vida.

Los sentimientos no se reflejan de forma continua en las emociones y en este momento no puede aparecer en una experiencia concreta específica. Por lo tanto, la comparación entre la emoción y la sensación es la misma que la relación entre los motivos ("aquí y ahora") y las actitudes de motivación, que se almacena y se actualiza varias veces durante la ocurrencia de situaciones que son adecuados para ellos. En consecuencia, en contraste con las emociones, que tienen una naturaleza a corto plazo de la reacción a una situación, sentimientos expresan relación a largo plazo de una persona a un objeto.

Esa misma sensación se puede expresar a través de diversas emociones, dependiendo de la situación en la que el objeto cae, con respecto a la cual experimentó sentimientos. Además, la emoción en sí puede "servir" con una sensación diferente. Por ejemplo, puede regocijarse en el éxito de su ser querido y el fracaso de la persona que odias. La pasión se suele atribuir a los sentimientos, pero esto no es un tipo de sentimiento, pero el grado de su expresión. Puede apasionadamente el amor, pero se puede odiar apasionadamente.

Todo esto indica que la estabilidad no siempre es inherente a las relaciones emocionales - en particular las relaciones inestables de los niños. Durante una hora de jugar juntos, los niños pueden discutir y hacer varios tiempos de paz. En los adultos, algunas relaciones emocionales pueden ser bastante estable, adquiriendo formas de la rigidez de las actitudes, puntos de vista conservadores, o expresar la posición fundamental de una persona.

En cada persona en el proceso de su desarrollo, un complejo multidimensional y de múltiples niveles, y un sistema dinámico de las relaciones subjetivas se forma. Cuanto mayor sea el número de objetos en los que una persona expresa su actitud, la más amplia de este sistema, más rica es la personalidad misma, más, en la expresión de E. Erickson, "el radio de las relaciones significativas."

La diversidad o la estrechez de las relaciones está estrechamente relacionada con otra característica - la diferenciabilidad de las relaciones. Por ejemplo, los estudiantes de la escuela primaria están en general satisfechos tanto con el muy lección de un determinado tema y sus diversos aspectos: las relaciones con el maestro, el resultado obtenido, las condiciones en las que se llevan a cabo las clases, etc.

Sus relaciones subjetivas se presentan a menudo bajo la influencia de eventos aleatorios (Me gustó la primera lección, por lo tanto, es interesante estudiar este tema en general). Esta actitud positiva generalizada más probable indica la inmadurez de los estudiantes más jóvenes, como los individuos, la incapacidad en sus evaluaciones para separar un factor de otro. Para ellos, la disciplina puede ser interesante, ya que al igual que el maestro que enseña, o viceversa, el maestro, no le gusta porque no es interesante en la lección.

La generalización de las relaciones emocionales surge cuando una persona generaliza impresiones emocionales y conocimientos, y se guía por ellos en la expresión de su actitud a lo. Por ejemplo, la actitud positiva de una persona hacia la educación física se puede generalizar y estable, y la necesidad de participar en la educación física se convertirá en su convicción si entiende el papel de las actividades de educación física para su desarrollo y regular los disfruta.

La subjetividad es característico de los sentimientos ya que los mismos fenómenos pueden tener diferentes significados para diferentes personas. Por otra parte, una serie de sentimientos se caracterizan por su intimidad; es decir, el contenido profundamente personal de experiencias, su carácter secreto. Al compartir estos sentimientos íntimos con un ser querido, significa que hay una conversación de corazón a corazón.

Los expertos también hablan de la profundidad de los sentimientos, que se asocia con la estabilidad y la fuerza de los sentimientos.

Sentimientos reflejan la esencia social de una persona y pueden alcanzar un alto grado de generalización (amor de la patria, odio al enemigo, etc.).

Sobre la base de que la esfera de los fenómenos sociales se convierte en el objeto de los sentimientos más altas, que se dividen (por ejemplo, P. Rudik) en tres grupos: morales, intelectuales y estéticos;

La moral se refiere a las sensaciones que experimenta una persona en relación con la realización de la conformidad o la inconsistencia de su comportamiento con las exigencias de la moral pública. Reflejan un diferente grado de apego a ciertas personas, la necesidad de comunicación con ellos, su actitud frente a ellos.

Los sentimientos morales positivos incluyen una sensación de buena voluntad, la compasión, la ternura, la simpatía, la amistad, la camaradería, el colectivismo, el patriotismo, deber, etc. Los sentimientos morales negativos incluyen un sentido de individualismo, el egoísmo, la enemistad, la envidia, la ira, el odio, la maldad, etcétera

Intelectual son sentimientos asociados con la actividad cognitiva de una persona: la curiosidad, curiosidad, sorpresa, alegría en la solución de un problema, una sensación de claridad o de sorpresa, un sentido de confianza, la duda.

De esta lista, es evidente que estamos hablando más sobre emociones cognitivas o intelectuales que sobre los sentimientos.

Estética se refiere a los sentimientos asociados a experimentar placer o descontento, debido a la belleza o la fealdad de los objetos percibidos, o de fenómenos naturales, o las obras de arte, o de las personas, así como sus acciones y acciones.

Se trata de una comprensión de la belleza, la armonía, sublime, trágica y cómica. Tales sentimientos se realizan a través de las emociones que varían en intensidad de leve a profunda preocupación emoción, emociones del placer al placer estético.

KK Platonov también destaca sentimientos prácticas, que incluyen interés, aburrimiento, alegría, el tormento de la creatividad, la satisfacción con el logro de un objetivo; sensación de fatiga agradable, dedicación, entusiasmo.

Teniendo en cuenta esta circunstancia, vale la pena acercarse a la evaluación de los tipos de sentimientos, que se discutirán más adelante.

En la actualidad, un número significativo de trabajos han aparecido en las emociones y sentimientos, sobre todo en la literatura psicológica diferente. Sin embargo, todavía tenemos que comprender lo que implican emociones. James "¿Qué es una emoción?"

Esto sigue siendo relevante para los psicólogos y fisiólogos. En las últimas décadas, ha habido una tendencia a un estudio empírico de las reacciones emocionales individuales sin intentos de una comprensión teórica de ellos, e incluso a veces a un rechazo fundamental de este.

Así, B. escarcha escribe que el estado actual del estudio de las emociones se dispersa el conocimiento, inadecuado para solucionar problemas específicos. Las teorías existentes de emociones sólo se refieren principalmente a aspectos particulares del problema.

Con base se cree que las dificultades que se presentan durante el estudio de este problema puede ser explicado principalmente por el hecho de que las emociones son consideradas sin diferenciar claramente en varias subclases que difieren tanto genética como funcionalmente.

Es bastante obvio que, por ejemplo, un repentino estallido de ira tiene una naturaleza diferente que, por ejemplo, un sentimiento de amor por la patria, y que no forman ninguna continuo. Diferentes teorías son lo más a menudo incompatibles entre sí y confunden al lector, ya que cada autor intenta definir conceptos y fenómenos relevantes a su manera, algunos más evidentes que otros. Además, los términos "afectan", "emoción", "sentimientos" se usan indistintamente, que no añade claridad al concepto de afectos. "Además, las cualidades morales, la autoestima, sentimientos se dan por sentimientos.

A pesar de un gran número de publicaciones sobre los problemas de las emociones, incluso en las monografías de sólidos y libros de texto para los psicólogos, muchos aspectos de la esfera emocional humana, que son de gran importancia práctica para la pedagogía, la psicología del trabajo y el deporte, ni siquiera afectan. Como resultado, el problema de las emociones y los sentimientos no se presenta en el mejor.

Surge una pregunta lógica, ¿cuál es el componente sobre la base de los cuales emociones y sentimientos surgen y se manifiestan? un componente de este tipo, en mi opinión, es la experiencia.

Muchos autores emociones asociados con experiencias porque las emociones son una de las más importantes facetas de los procesos mentales que caracterizan la experiencia de una persona de la realidad. Las emociones son una expresión integral del tono alterado de actividad neuropsíquico, que se refleja en todos los aspectos de la psique y el cuerpo humano.

Además, las emociones pueden ser vistas como únicas formas específicas de sentimientos que identifican experiencias y actitudes. Por lo tanto, las emociones son procesos mentales cuyas experiencias contenido, la actitud de una persona a ciertos fenómenos de la realidad circundante.

También se puede ver en otra perspectiva como experiencias elementales que surgen en una persona bajo la influencia de la condición general del cuerpo y el proceso de satisfacción de las necesidades reales. A pesar de las diferentes perspectivas que los psicólogos utilizan para definir las emociones, su esencia es o bien en una palabra - o en dos experiencias - experiencias de relaciones.

Por lo tanto, lo más a menudo emociones se definen como las experiencias de una persona en este momento de su actitud a algo oa quien (a una situación existente o futuro, a otras personas, a sí mismo, etc.). Sin embargo, las definiciones que dan la experiencia son formales y controvertido. Por ejemplo, LS Vygotsky define experiencias como una unidad integral especial de conciencia; KK Platonov - como el más simple de todos es un fenómeno subjetivo, como una forma mental de la pantalla, que es uno de los tres atributos de la conciencia; F.Є. Vasilyuk es como cualquier estado emocional de color y el fenómeno de la realidad que está representada directamente en su mente y es para él un acontecimiento de su propia vida. Al mismo tiempo, este autor considera que es posible utilizar el concepto de "experiencia" en el título de su libro en el sentido de "que experimenta,

Y esto, a su vez, confunde aún más la comprensión de la esencia de este término. RS Nemtsov cree que la experiencia es sentimientos que van acompañadas de emociones. MI Dyachenko y LO Kandibovich define experiencias como un estado emocional significativa debido a un evento o recuerdos de episodios de una vida anterior objetivo significativo.

Por LM El Wecker de la experiencia es un reflejo directo por el propio sujeto de sus propios estados y no un reflejo de las propiedades y relaciones de los objetos externos emoción. El último es el conocimiento.

Creemos que las experiencias son una psíquica interna especial con diferente potencial psico-energético y una señal que determina la eficacia del funcionamiento de todos los subsistemas de la psique.

Por lo tanto, la emoción es la experiencia de una persona del valor situacional o efectiva de los objetos y fenómenos del pasado, presente o futuro. Su potencial psico-energético, en contraste con los sentimientos, su procedencia, puede aumentar rápidamente, y luego conseguir tan fácilmente en otra psíquica. Mientras que la sensación de la experiencia de una persona es vital para el significado de los objetos y fenómenos. Los sentimientos se desarrollan gradualmente. Su potencial psico-energético, a diferencia de las emociones, se encuentra en la psique de un tiempo relativamente largo e incluso todas sus vidas (patriotismo, amistad, amor, orgullo, la dignidad, los celos, etc.). Sentimientos - esta es una psíquica interna que está constantemente presente en la psique humana, directa e indirectamente, afecta tal, su comportamiento y la actividad. En realidad, las experiencias son la base de cualquier emoción y el sentimiento.

Capítulo 11: El perdón

El perdón actúa como un bálsamo sobre las heridas abiertas, emocionales; esto es verdad para perdonarse a sí mismo ya los demás. Si usted se aferra a un rencor contra alguien, sólo se va a quemar a sí mismo en el proceso.

Cada vez que pienso en cómo alguien que ha hecho mal, se sentirá más dolor. Del mismo modo, si usted piensa constantemente de sus errores y fracasos que le trajo dolor, se consigue solamente más molesto consigo mismo. Esta frustración se convierte gradualmente en ira. Para mejorar en eso, perdona a sí mismo ya otros. Olvídese de las malas experiencias, aprender de ellos, y seguir adelante.

Una vez a la semana, sacar de 10 a 20 minutos para reflexionar sobre todo acerca de ti mismo, los fracasos, errores y malas experiencias en la vida que te hacen daño hasta la fecha. Escribe sobre la experiencia, grabarte o simplemente pensar en ello y rebobinar una mala memoria a la vez que hace infeliz consigo mismo y desencadena su ira. Podría ser la forma en que estaban en un accidente de coche hace unos años porque estaba borracho, o cómo mantener incurrir en pérdidas en su negocio. Sea cual sea su razón es, pensar y crear una imagen mental de ello.

Imagínese la imagen cada vez más grande a medida que se siente más enojado consigo mismo y cuando sienta que su ira alcanzando su pico, imaginar el uso de una aguja punzante hacer estallar la burbuja grande. A medida que se rompa, imaginar todo su enojo se mueve fuera de su cuerpo. Respirar profundamente y exhalar más a medida que hace eso. Al mismo tiempo, varias veces canto, "Me perdono y estoy listo para seguir adelante" en su mente o en voz alta. Haga esto por lo menos una vez a la semana y usted comenzará a sentirse más tranquilo.

Trate de no pensar en el pasado o en cualquier recuerdos dolorosos con frecuencia, si se refieren a usted o cualquier otra persona. Cada vez que su mente se aleja en el pensamiento y se recupera una mala experiencia que desencadena su furia, presentes convertido por involucrarse más en el presente trabajo. Si usted está cocinando una comida, prestar atención a los ingredientes que pones en el wok. Si usted está viendo una película, estrechamente observar lo que está sucediendo en la escena. Cada vez que se recupera una experiencia dolorosa, sacudir la cabeza y decir, "estoy enfocado en el presente" en voz alta.

También es necesario perdonar a todos los que se ha hecho mal intencionada o no, y hacer las paces con la experiencia de mal en general. Es necesario comprender dos cosas importantes. En primer lugar, aceptar que, si bien cualquiera que sea la otra persona a la que se dejó dolor y malestar, tal vez él o ella tenía una razón lógica para comportarse de esa manera. La persona tiene derecho a hacer lo que se siente bien para él o ella, que es algo que no tiene control sobre.

En segundo lugar, aceptar el hecho de que lo que pasó ha sucedido y no se puede volver atrás en el tiempo para cambiar, no importa cuánto te gustaría poder. En lugar de aferrarse a rencores y hirviendo de rabia por ello, perdonar y seguir adelante. Usted puede hacer esto en una de dos maneras: se puede perdonar a alguien en el pensamiento, o en realidad se puede enfrentar a la persona acerca de la experiencia, dejar que él o ella sabe que está listo para seguir adelante y abrazar incluso si es posible. Sin embargo, si esa persona ya no es una parte de su vida, lo mejor es dejar de lado esa herida.

Pruebe la misma técnica que aplicó cuando perdonarse a sí mismo al menos durante 5 minutos al día; es probable que se sienten menos malo de la experiencia en general y persona.

En cuanto a perdonar a alguien en persona, trate de llegar a la persona; planear una reunión y hablar con la persona acerca de la experiencia. En su caso, aceptar los errores que cometiste, pero no obligue a la persona a hacer lo mismo. Que la persona sepa que esté listo para el cambio y que si él o ella quiere ser una parte de su vida, usted será feliz con él o ella espera. Decir que el último sólo si realmente desea mantenerse en contacto con esa persona.

Hacer perdón una constante en su vida rutinaria para que pueda empezar lentamente perdonarse a sí mismo y los demás en el instante en que se sienta dolor. Al mismo tiempo, asegúrese de identificar sus puntos clave y las lecciones de una mala experiencia para que no cometer los mismos errores. Esto ayuda a mejorar; mejoramiento de sí mismo es una forma buena para reducir su ira.

Incrustado en la naturaleza de la ira y el resentimiento en especial es el dilema del perdón. Muchas personas luchan con el perdón porque creen que es un evento, un binario de "Te perdono" o "yo no te perdono." Muchos maestros espirituales antiguos y modernos, incluidos los maestros de atención plena, han promocionado la importancia del perdón en el curativo del cólera, tanto a largo como a corto plazo.

La atención plena nos ayuda a ver el perdón en un continuo, como un proceso más que un evento. El perdón puede ser algo que tenemos que tener para nosotros mismos, para los demás, o para ambos. A menudo, el ciclo de la ira implica nuestra sacándolo de los demás, lo que resulta en ira contra nosotros mismos por hacer eso, seguido de sacarla en otros debido a que el dolor sigue. . . de nuevo, se obtiene la imagen. El perdón se puede aplicar en cualquier momento durante este ciclo. Por lo tanto, donde se inicia no es importante, si se trata de auto-perdón o remisión de la otra. Lo importante es que se desarrolla la disposición a considerar la posibilidad del perdón.

Al igual que con el ejercicio anterior en dejar ir el resentimiento, podemos empezar poco a poco. No tenemos que perdonar el peor de los peores en un acto reflejo y la moda posiblemente superficial a hacer el trabajo. Simplemente tenemos que entender que incluso pequeños pensamientos y actos de perdón cambio la dirección de nuestros pensamientos e intenciones de cara al futuro. Si soy capaz de perdonarme a mí mismo u otro, estoy comprometida, al menos por el momento a pensar y actuar de manera diferente en relación con el dolor. Puedo utilizar todo lo que sé acerca de mi propio dolor para comprender tal vez el dolor de la persona que actuó de una manera que me hizo sentir enojado. Y me apoye en esa misma comprensión de nuestra humanidad común a perdonarme por actuar con ira a los demás. Es humano. Estoy en un proceso. Y puedo perdonarme a mí mismo, así como los demás, poco a poco, momento a momento. Tiempo extraordinario,

Capítulo 12: Consejos útiles para mejorar su estilo de vida

Usted puede estar pensando a sí mismo que esto es realmente duro cosas. Entiendo de dónde vienes. Usted es, después de todo, la reprogramación de sí mismo. Durante muchos años, ciertos estímulos activan ciertas reacciones por parte de usted. Sucedió un día tras otro. Semana tras semana. Mes tras mes. Año tras año. Cuanto más se repita, más fuerte se convierten en los enlaces. Es como si usted está tratando con algo que simplemente está cableado en su personalidad.

Tengo noticias para ti. No hay necesidad de que te castigue con expectativas poco realistas. Permítase que no esperan resultados durante la noche. Lo que es importante aquí es simplemente probar constantemente estas técnicas. Constantemente los utilizan. Encontrarse en ciertas situaciones en las que las emociones negativas son justo debajo de la superficie. Prueba de ellos. Si no encuentras en esas situaciones, pensar en los recuerdos desagradables que por lo general se desencadenan.

Lo que usted tiene que hacer, probar constantemente estos materiales. Cuantas más pruebas, mejor lo hace. ¿Por qué? Se aprende cómo encajar estas técnicas a la forma en que realmente se ocupa de las cosas. Recuerde, todo el mundo es diferente. Todos venimos de diferentes orígenes o modos de vida y todos tenemos diferentes experiencias. Estas diferencias pueden añadir hasta un poco.

Usted tiene que mirar a su conjunto de circunstancias y cómo lo hace normalmente trata con las cosas y tapón en la información que te he enseñado. Esto sólo va a pasar si usted se encuentra en una situación en la que vas a tener que usarlos. En otras palabras, se está probando a sí mismo. Constantemente probarse a sí mismo y obtendrá mejor en él.

Para turbo-cargar sus resultados, es necesario mantener un diario. Que no sólo está manteniendo marcadores mentales de dónde se encuentre. Que no sólo está haciendo algún tipo de anotación mental. En su lugar, se puede ver, en base a ciertos estímulos, usted será capaz de ver las áreas de mejora y lo más importante, usted será capaz de entender que usted está haciendo progresos. Es fácil quedar definitivamente bombeado cuando vea que ha recorrido un largo camino desde donde empezó. Esas son buenas noticias. Permítase estar motivado por que las buenas noticias.

Capítulo 13: hacks de estilo de vida que puede mejorar su ira y más

1. Mire por posibles causas subyacentes - No se puede empezar a controlar su ira hasta que no sepa donde está viniendo. Es necesario mirar dentro de ti mismo y descubrir si su enojo es realmente la ira, o si se trata de una máscara o tirita para una emoción oculta que es mucho más difícil de manejar.

Indicios de que su ira puede ser algo más:

• Tiene dificultades para comprometiendo -Usted no son fáciles de aceptar otro punto de vista. Es posible que haya estado expuesto a una situación de enojo o abusiva en que la persona más fuerte tiene su manera de ser exigente y enojado.

• Tiene dificultades para expresar cualquier emoción, pero la ira - Si precia de estar siempre en control y duro y cree que las emociones como el miedo, la culpa y la vergüenza decir que deje que su bajar la guardia, que pueda estar usando la ira como una cubierta . Todo el mundo tiene estas emociones, no es 'equivocado' experimentarlas.

• Otros de puntos de vista y las opiniones son como los retos a que - Si sientes que alguien en desacuerdo con que es lo mismo que un reto personal, su ira puede estar cubriendo un problema subyacente. Esto suele ser un signo de la necesidad de estar en control de todo, un síntoma común de abuso. Los niños que crecieron en hogares donde fueron testigos de los problemas de gestión de ira también experimentar este tipo de comportamiento.

2. Conocer los factores desencadenantes - Conocer las cosas que le envían en sus episodios de ira es la clave. De esta manera se pueden evitar si es posible y aprender a manejar los que son inevitables a su propio ritmo. Si ya sabe de antemano que una determinada persona, lugar o cosa tiende a la ira de disparo, se puede hacer un plan de acción para mantener la calma cuando tenga que enfrentarse a ella. Siempre es mejor para entrar en una situación preparada.

3. Conocer la reacción del cuerpo a la ira - Su cuerpo no se limita a explotar en ira. De hecho, hay varios signos físicos de la ira, ya que el cuerpo experimenta un cambio hormonal y fisiológica significativa cuando se desencadena la reacción de lucha o huida. Conocer estos signos puede ayudar a calmar a sí mismo antes de que la situación se salga de control. Estas son algunas señales para tener en cuenta cuando se empieza a enojarse.

y escaneo térmico de alguien que está experimentando la ira

- Dolor de barriga

- Apretando las manos o la mandíbula

- Sudoración o sensación enrojecida

- Respiración rápida

- aumento del ritmo cardíaco

- Dolor de cabeza

- estimulación

- Dificultad para pensar

- Tensando los músculos especialmente en la espalda y los hombros

4. Aprender maneras para enfriar - Una vez que se da cuenta de cuáles son sus desencadenantes y cómo su cuerpo reacciona físicamente a la ira, se puede trabajar en las técnicas que se calmara. Aquí están algunas grandes maneras que son recomendados por especialistas para mantener la calma en una situación muy estresante:

- se centran en la forma en que su cuerpo se siente - Aunque pueda parecer que esto sólo se hará más enojado, muy a menudo hace lo contrario. Cuando se enfoca en los efectos de la ira está teniendo en su cuerpo, se le está dando algo distinto de lo que ha hecho enojar a pensar.

- La respiración profunda - Para ser un poco más específico, la respiración por la nariz y exhalando por la boca. Esto tiene un gran efecto calmante. La razón detrás de esto es un nervio que está en el conducto nasal se activa mientras que la respiración por la nariz. Se activa una parte del cerebro que promueve una sensación calmante en todo su cuerpo.

- Ejercicio - Tome una caminata alrededor de la cuadra, o hacer algunos abdominales o saltos. Incluso caminando por las escaleras durante unos minutos. El ejercicio libera no sólo la ira reprimida a través de la actividad física, sino que también libera endorfinas que hacen que la experiencia de la mente y el cuerpo la sensación de calma y felicidad.

- Arte y música - Las artes siempre han sido una gran herramienta de terapia. Trate de ver un espectáculo o su película favorita. Escribir en un diario. La música es siempre una buena manera de calmar la ira. Poner en sus canciones favoritas e imaginar su lugar favorito. Lo que más me gusta de la música siempre ha sido cuando te relacionas con las letras, usted sabe que alguien por ahí ha sido donde estás y que no está solo.

- conteo de inicio - Suena tonto, lo sé, pero se ha demostrado que funciona. Concéntrese en su conteo y de si lo que está recibiendo más enojado, vale la pena. Funciona mejor si se cuenta hacia atrás, con todos los números de abajo, usted está contando hacia abajo completa calma. Base su número más alto en el nivel de ira.

Capítulo 14: Hacer frente al estrés

Es muy fácil y común que las personas se ponen última en su lista de prioridades. Si usted tiene un cónyuge o pareja, hijos, amistades para mantener, dificultades en su familia extendida, una carrera exigente o cualquier otro número de responsabilidades en su vida, es muy posible que usted puede terminar de ponerse el último en la lista de cosas esa necesidad de atenciones. Pero todos sabemos que en el fondo si no se toma el cuidado de sí mismo, no va a ser muy bueno en el cuidado de cualquier persona o cualquier otra cosa. Piense en esto como una charla de seguridad en un avión. Cuando las máscaras de oxígeno caen hacia abajo, siempre nos dice que nos pongamos nuestra máscara antes de ayudar a otra persona, incluyendo a nuestros hijos. Si no se toman medidas para asegurarse de que está fuerte y debidamente equipado para hacer frente a sus propios problemas, ¿cómo se puede esperar a ser bueno para nadie más? Si se permite que se resumen o estirarse demasiado delgada, lo más probable es que es muy probable que llegar a un punto de fusión hacia abajo.

Es sumamente importante que encontremos un equilibrio trabajo / juego. Cuando no nos ocupamos de nosotros mismos, las cosas finalmente van a venir a un punto crítico. Nuestro trabajo se verá afectada. Vamos a entrar en peleas con la gente que estamos cerca. Nos vamos a sentir como que estamos trabajando constantemente contra el reloj. Vamos a llenar cada minuto de cada día con cosas que tenemos que hacer. Pero cuando vamos a hacer las cosas que queremos hacer? Cuando vamos a ser lo suficientemente valiente para programación de alguna muy necesario "tiempo conmigo"?

Tenemos que ser capaces de priorizar de manera más eficaz. Debido a dejar que tu ser correr por sólo hará que hacer frente al estrés más difícil. Hay que recordar que la vida es para vivir. Al programar en algún "tiempo de juego" un par de veces cada semana, le está dando tiempo a su cuerpo y la mente para liberarse de las cosas que se mantiene presionada. Usted está dejando a ti mismo desahogarse, y usted se está dando la oportunidad de aligerar.

Los seres humanos tienen una necesidad fundamental para el juego.

Eso significa que tomarse el tiempo para divertirse debe considerarse una característica obligatoria en su vida. Así que lo que sea que te gusta hacer, si le gusta tomar baños, hacer deporte, salir con los amigos, o leer un libro bueno, se recuerda lo largo de cada semana que estas cosas son tan importantes como el resto de las cosas en su lista de quehaceres. No deje que una semana sin el disfrute y la relajación.

Coloque debido foco en su salud física.

No debería ser ninguna sorpresa importante saber que si su salud física está en el inodoro, su salud mental es probable que antes de seguir. Si comemos una gran cantidad de sal, azúcar, alimentos grasos, y no obtenemos los nutrientes que nuestro cuerpo requiere, obviamente estamos más propensos a ser descuidado. Y lo que sucede cuando nos descuidado? Nuestros niveles de estrés aumentan porque no estamos en la posición correcta para hacer frente a todas las cosas en nuestro plato metafórica. Así también, si no obtenemos suficiente ejercicio, no sólo estamos haciendo nosotros mismos un daño físico, sino que también nos estamos muriendo de hambre a nosotros mismos de uno de los mayores puntos de venta para aliviar el estrés. El ejercicio - ya sea trabajando duro en el gimnasio o simplemente salir a dar largos paseos con el perro - ayuda a aliviar la tensión del cuerpo y nos provee de endorfinas y serotonina sustanciales para ayudarnos a mantener un estado de ánimo estable y una actitud mental positiva.

La superación de retos físicos es una fantástica manera de aumentar su autoestima y su motivación en otras partes de la vida. Y adivina qué más, para aquellos de ustedes que lucha con el insomnio, el ejercicio presenta una oportunidad para que usted mismo fuera de los neumáticos. Hacer mucho ejercicio nunca debe ser subestimada cuando se trata de su salud y la forma de enfocar los obstáculos en otras partes de la vida. Por encima de todos los otros beneficios, el ejercicio también puede presentar una oportunidad de trabajo a través de las cosas en su cabeza y poner sus frustraciones en un foro física; un lugar donde se puede grabar a través de esas cosas mientras se está quemando calorías.

Con el fin de ser especialmente bueno para su cuerpo, todos sabemos que tenemos que comer correctamente. Sin embargo, hay un problema que se plantea para muchos de nosotros cuando pensamos en "cuidar" de nuestra salud. Estoy hablando de la presión abrumadora para bajar de peso. Si seguimos una dieta por motivos equivocados, podríamos terminar haciendo a nosotros mismos más daño que bien. Sí, es extremadamente importante para mantener su peso bajo control para su salud física y su propia imagen; Sin embargo, la forma en que avanzamos en la pérdida de peso es donde muchos de nosotros son extraviados. Para muchas personas, "dieta" en realidad significa morir de hambre a su cuerpo de nutrientes vitales. Y aunque es posible mirar mejor temporalmente, puede ser que no dando a su cuerpo todo lo que necesita para funcionar sin problemas. Por lo tanto, al igual que es importante no sobrecargar su cuerpo con alimentos poco saludables,

Recordemos que todos somos diferentes y nuestra dieta debe reflejar eso. Si se trabaja mucho, que necesita proteína extra. Si experimenta bajos niveles de azúcar en la sangre, se puede sentir cansado, tener episodios repetitivos de dolores de cabeza y náuseas, sensación de mareo o aturdimiento, y les resulta difícil concentrarse o tomar decisiones equivocadas. Eso podría significar que usted será mejor comer poco ya menudo. Si su vida es muy exigente en la mente, tendrá que aumentar la cantidad de alimentos "cerebro" que consume. Usted obtiene la esencia. El enfoque en su salud física es lo más importante en este caso. Si usted no está recibiendo todas las cosas que su cuerpo necesita, puede llegar a ser mal genio o experimentar un período de bajo estado de ánimo. Y, por supuesto, si usted no está tomando el cuidado de su sistema inmunológico, fácilmente se podría venir abajo con los resfriados y gripes recurrentes. Si usted es alguien que le da herpes labial, usted sabrá que cuando usted no está tomando el cuidado de sí mismo y sus niveles de estrés son altos, es muy probable que vea una (o más) de superficie. El estrés y la salud física están muy estrechamente vinculados.

Tómese el tiempo para estar en silencio.

Es difícil expresar lo importante que es conseguir tiempo de silencio en nuestras vidas. Pero podemos comenzar simplemente pensando en cómo era la vida antes de Internet. Antes de tener los teléfonos móviles y las redes sociales, nuestras vidas eran mucho más privado. Pasamos nuestro tiempo libre reunirse con los amigos, leer libros, y conseguir al aire libre. La vida era más tranquila en aquel entonces. Hemos trabajado menos horas y pasamos más tiempo con nuestras familias. Tuvimos un tiempo a solas.

Tiempo sin ser localizables, tiempo para pensar, y el tiempo para relajarse. Desafortunadamente, no podemos ir hacia atrás en el tiempo y la mayoría de nosotros nunca podría vivir sin nuestro teléfono móvil y Wi-Fi. Sin embargo, nuestra necesidad de tiempo de silencio no ha cambiado sólo porque nuestra forma de vida tiene. Sin tener tiempo suficiente tranquila, podemos empezar a sentirse contrariado, frazzled, agravada, frustrado y agotado. Lo que pasa es que hemos llegado a ser tan acostumbrados al ruido que el silenciamiento se puede sentir un poco desorientador. Si estás acostumbrado a vivir una vida de ritmo rápido, la idea de sentarse y estar tranquilo en realidad podría sonar un poco infernal, debido, posiblemente, ¿cómo va a ser capaz de relajarse cuando se tiene tanto que hacer? Pero con el tiempo se verá que el momento más tranquilo que toma, cuanto más se beneficiará de ello. Bien descansado mente tomar las mejores decisiones. Un cerebro tranquila puede hacer frente mejor a los conflictos, errores y contratiempos. Necesitamos ser capaces de escuchar nuestros propios pensamientos y pensar con claridad. Una vez que se permite a su cerebro para corte a través de todo el ruido en la vida, sus niveles de estrés se reducirá como el plomo.

Para empezar, establezca límites con su teléfono móvil. El reto de dejar su teléfono en su casa mientras usted camina el perro o ejecutar sus diligencias. Usted será el establecimiento de estas normas aquí una, así que asegúrese de que van a ser prácticos y ajuste en su vida.

A continuación, poner un límite a los correos electrónicos. No hay que sentirse presionados a tener que responder a cada correo electrónico de inmediato, por lo que poner en algún tipo de estructura y límites en sus prácticas de envío de correos electrónicos podría realmente ayuda a aliviar esta presión. Considerar sólo responder correos electrónicos a horas fijas, dos veces o tres veces al día. Digamos que usted revise su correo electrónico a primera hora de la mañana, a media tarde, y justo antes de la cena, a menos que haya algo que realmente no puede esperar. Si recibe un correo electrónico que no es urgente, puede esperar hasta que sus tiempos designados de correo electrónico. Una vez que sus límites son móviles y de correo electrónico en su lugar, limitar su tiempo de televisión y la cantidad de tiempo que pasa en las redes sociales. Establecer un temporizador para estas cosas y tener una fuerte determinación al respecto. Usted tiene que dar a sus ojos un descanso y su mente la oportunidad de respirar.

Una de las mejores cosas que podemos hacer por nosotros mismos es asegurar un tiempo libre de pantalla todos los días. Una vez más, si ha seguido el plan de puesta en marcha de 7 días, estará familiarizado con esta idea en este punto. Romper el vínculo entre usted y sus dispositivos electrónicos puede ser muy liberador. Esto podría significar mantener sus fines de semana libres de la tecnología o simplemente tomar una o dos horas de distancia de pantallas cada noche.

Por último, una vez que haya dominado tiempo de silencio, el reto de probar tiempo de silencio. tiempo de silencio consiste en convertir todo lo que fuera, por dentro y por fuera. Se trata de sentarse y estar simplemente presente. Es posible que desee probar la meditación ayuda a entrenar a su mente para ser tranquilo, pero si eso no es para ti, sólo acepta el reto de dejar de hacer todo el tiempo. Tome tiempo de tranquilidad un paso más allá al sentarse en silencio y no hacer nada durante 30 a 60 minutos, en lugar de lavar los platos en silencio o en voz baja para pagar sus cuentas. Deje que sus pensamientos se de una cosa a otra. Resistir la tentación de detenerse en conflicto o para crear una lista de tareas en su mente.

Los pensamientos van y vienen y eso está bien. No luchar contra ellos o se preocupe por ellos. Basta con escuchar sus pensamientos, reconocen ellos, y los dejaron pasar. Tómese un descanso de la rutina. Usted se merece mucho más.

Resistirse a la dilación a toda costa.

Todos sabemos que la dilación puede actuar como una bola de demolición a prácticamente cualquier proyecto que estamos trabajando. Se nos impide la realización de tareas. Se roba nuestra atención cuando estamos tratando de hacer las cosas. Esto nos lleva a los brazos de las tareas menos importantes, en lugar de permitir que nos ocupemos de las cosas que debería concentrarse en. Y como estoy seguro que ya sabes, cuando usted se atrasa en su horario, o deja de cosas completas a tiempo, sus niveles de estrés de forma natural se incrementarán. No completar las tareas de medios que tienen más cosas en su lista y a una mayor presión para conseguir que se hagan, por no hablar de los posibles sentimientos de fracaso y decepción hacer. Por alguna razón, cuando lo aplazamos, que a menudo se apartan de la mayoría de las cosas importantes en nuestra lista de tareas, realizar tareas domésticas, sin consecuencias en su lugar. Pero cada vez que hacemos esto, las cosas importantes en nuestra lista parecen ser más grande y más importante, y por lo tanto, de enormes proporciones. Cuanto más evitar algo, más difícil es para la cara. Así que en lugar de poner sus todos en la redacción de un nuevo CV, podrás reorganizar sus armarios.

En lugar de organizar el trabajo de papel hacia el final del año fiscal, se le pierda su tiempo tamizar a través de esa canasta de calcetines sin igual. Es casi como cuando hacemos esto, estamos haciendo deliberadamente las cosas más difíciles en nosotros mismos. Estamos recibiendo en nuestro propio camino y establecer nosotros mismos para el fracaso y la frustración. Es importante tener en cuenta que la dilación es extremadamente común. Puede ocurrir cuando sólo tenemos un par de cosas en nuestra lista de tareas, pero a menudo patadas a toda marcha cuando estamos abrumados con las tareas y responsabilidades. Si estás frente a una gran cantidad de grandes tareas, que es natural sentirse ansioso. Y es en estos momentos que muchos de nosotros esconder la cabeza en la arena. En lugar de saltando lejos en las cosas que tenemos que hacer poco a poco, nos estamos convirtiendo lejos de ellos con la esperanza de que van a mágicamente desaparecen.

Cuando se trata de la dilación, tenemos que tener el valor de enfrentar nuestra listas de tareas pendientes de frente, con confianza. Tenemos que ser capaces de tomar una cosa a la vez. Así que en vez de mirar todo lo que hay por hacer, tenemos que sólo se centran en lo que estamos haciendo en este momento. Tenemos que perdonarnos a nosotros mismos para dilatar y demostrarnos a nosotros mismos que podemos superarlo. También tenemos que preguntarnos por qué estamos tergiversando lo que podemos cortar de raíz. En momentos como estos, puede ser útil pensar en otras ocasiones en las que han superado la dilación. Deje que la evidencia de que el tiempo motivar a conseguir su vuelta la cabeza en el juego. Que son totalmente capaces de hacer las cosas que quiere lograr.

Aprender a decir, 'No'.

Cuando se trata de reducir y prevenir el estrés, hay muy pocas lecciones tan importante como conseguir cómodo con decir, 'no'. Para aquellos de nosotros que tienden a asumir demasiadas tareas al mismo tiempo, ser capaz de decir, 'no' hará una diferencia considerable en lo que concierne a nuestros niveles de estrés. A veces es más importante para conseguir un poco de espacio de cabeza de lo que es para ayudar a un movimiento de la casa conocido o ejecutar la venta de pasteles PTA. A veces tenemos que dejarnos terminar lo que estamos trabajando antes de tomar en otro proyecto.

Con el fin de reducir el número de cosas que tenemos que hacer, tenemos que ser capaces de evaluar la importancia de las tareas adecuadamente. Por ejemplo, si se le ha ofrecido un trabajo extra que se va a hacer un poco de dinero extra muy necesario, vas a querer decir 'sí'. Pero al hacerlo podría significar que usted tiene que decir, 'no' a otras cosas, y eso está bien. A veces nos preocupa que al decir 'no' a nuestros amigos y familiares cuando nos necesitan, los estamos defraudando. Nos preocupa que si no ofrecemos a ayudar a un amigo en necesidad, no vamos a ser un buen amigo. Podríamos pensar que si decimos 'no' a reunirse para tomar un café o una noche fuera, la gente va a pensar mal de nosotros. Pero si sus amigos y miembros de la familia tienen ningún respeto por usted, van a entender si usted les dice que estás demasiado ocupado en este momento. Usted no tiene que ofrecer su tiempo si no tiene tiempo de sobra. Usted no tiene que estar de acuerdo para hacer las cosas que usted no tiene la energía para. No todos podemos hacer todo el tiempo. Tenemos que ser capaces de dar prioridad a nosotros mismos y cuidar de las cosas que son más importantes antes de que podamos tomar más adelante.

Dejar de insistir en hacer todo usted mismo.

Muchos de nosotros se atascan en el hábito de hacer absolutamente todo por nosotros mismos. La razón más común para esto es que muchas veces sólo parece más fácil de hacer todo lo que en lugar de correr el riesgo de que alguien más hacer las cosas diferentes o mal. Pero a pesar del hecho de que este es un hábito muy común, puede tener efectos desastrosos sobre su estado de ánimo y seriamente la rampa encima de sus niveles de estrés. En primer lugar, insistiendo en hacer todo por sí mismo, obviamente, añade un montón extra de tareas en su lista de tareas. Pero hay consecuencias más allá de eso. Cuando insistimos en creer que somos la única persona que puede hacer el trabajo correctamente, estamos erigirnos de agravación y la frustración cuando otras personas simplemente hacer las cosas de manera diferente de lo que lo hubiera hecho. evitar situaciones de este tipo podría significar bajar drásticamente sus niveles de estrés.

Una de las razones por las que se desarrollan las tendencias de este tipo es que necesitan sentir que tienen el control. Al hacer todo por sí mismos, saben que pueden hacer el trabajo correcto. Sin embargo, sin ganar un poco de perspectiva y ser realistas en cuanto a la importancia de la tarea en cuestión, esto podría fácilmente hacer que cada grano de arena en una montaña. Tienes que ser capaz de preguntarse si la tarea en cuestión es lo suficientemente importante como para insistir en hacerlo yourself.You tiene que preguntarse si está bien tener este trabajo en particular se hará un poco diferente a la forma en que lo haría usted mismo. Usted tiene que preguntarse si hay cosas más importantes que usted podría gastar su tiempo y energía en.

Domina el arte de la gestión del tiempo.

Estar bien organizada tiene un montón de ventajas. Organización nos ayuda a hacer las cosas tan fácil y rápidamente como sea posible, y cuando se trata de estrés, no es difícil ver que está mejor organizada siempre va a ser una cosa buena. La gestión de su tiempo con eficacia, sin duda, dará lugar a menos tensión a su alrededor. Cuando tenemos un plan claro a seguir, que es más probable que permanecer en la pista. Por lo que mantener un diario que le diga qué hacer con su tiempo es esencial. Diarios y recordatorios en su ordenador o teléfono móvil son herramientas fantásticas cuando se trata de mantener las cosas en orden y conseguir la materia hecha. Muchos de nosotros llevamos vidas ocupadas y no hay mucho que perder de vista. Esto no se muele el pensamiento de última hora, la mayoría de nosotros tanto como todo el tiempo que podamos, pero con lo que este tipo de pensamiento en otros ámbitos de su vida podría ser muy beneficioso. El objetivo es matar a tantos pájaros metafóricas como sea posible con una sola piedra. Así programar sus viajes de compras de una manera que hará que sea fácil para que usted obtenga la mayor cantidad de cosas a la vez. Si la ferretería está al lado de la tienda, llevar todo lo que necesita en un solo viaje. Si hay algo que se utiliza una gran cantidad de como detergente para la ropa, comprar en grandes cantidades para que pueda ahorrar tiempo y dinero. De hecho, si usted compra todos sus largos artículos de alimentación para la vida a granel, su visita a la tienda de comestibles tendrán menos tiempo y se ahorrará dinero. Todo es cuestión de pensar cómo se puede conseguir más tiempo de sus días. La planificación de comidas antes de cada semana es una gran manera de hacer esto. Cuando se escribe un plan de alimentación, se tiene en cuenta lo que está pasando en cada día. Así que cuando usted sabe que va a estar llegando tarde a casa del trabajo un día,

Capítulo 15: Las razones por las que su vida no está equilibrada

Usted está planeando trabajar en sus problemas de ira y esto es una cosa maravillosa. Sin embargo, antes de empezar lo que necesita saber qué tipo de obstáculos que puede encontrar en su camino y estar preparado para luchar para llegar allí.

Baja autoestima

No hay quizás más rápido de encendido a la ira de baja autoestima. Esto se debe a que ya cree que es inútil, sin valor, y el desgraciado - y por lo tanto, cuando se piensa que alude a alguien en cualquier culpa suya que ya no puede soportarlo y responder con ira.

Para asegurarse de que son capaces de controlar la ira, usted necesita estar seguro de que usted se convierte en seguro y feliz con uno mismo. Aceptarse a sí mismo por lo que eres; no dan excusas y no se compare con nadie. Usted es único, no tiene precio y bien amado y digno de amor. Tenga esto en cuenta y trabajar en él hasta que crean que el 100 por ciento.

Incapacidad para Creer

Las personas que creen que pueden, lata; Aquellos que creen que no se puede, no se puede. Todo está en la mente. Si usted dice, "Hey, esta es la manera que soy. No puedo evitar que"hay muy poco lo que puede hacer para ayudar a su problema de ira. Es necesario creer que:

- la ira puede ser conquistado;

- se puede vencer la ira;

- la ira y no son inseparables.

A menos que usted cree, ni siquiera se puede empezar a trabajar hacia esta meta, porque no se pondría en la cantidad correcta de esfuerzo. Tienes que creer.

Eres demasiado serio sobre todo en la vida

Es, por supuesto, importante que se tome la vida en serio. Sin embargo, no es necesario pasar por la vida como si todo el mundo dependiera de ti. Aligerar. Si no está todo el tiempo estresado y seria que realmente invite a ira a ser su reacción primaria a cualquier tipo de crisis.

Es la capacidad de ver el lado más ligero de la vida que va a inclinar la balanza hacia la batalla contra el cólera. Tienes que ser capaz de reírse de sus problemas, circunstancias, personas que te hacen daño y así sucesivamente. En otras palabras, es necesario que deje de tomar todo en serio.

El ¿El mundo no le debe debe cualquier cosa

Hay muchas personas que se deprimen, amargo y enojado porque la vida no ha sido justa con ellos. Esto es como decirle a un león o una serpiente, "Hey, nunca hice nada malo para usted, ¿por qué debe muérdeme / matarme?"

Hace esta declaración en ridículo? Bueno, también lo hace su expectativa de que la vida debe tratarlo de manera justa. No hay nada como eso; que necesita para hacer lo mejor de lo que tienes y estar listo para ganar algo y perder algo. Mientras que culpar a alguien más o algo más para sus problemas y el fracaso, no se puede conquistar la ira.

Sin embargo, el momento en que se toma la responsabilidad de sus problemas y actuar hacia su adrizamiento, usted será capaz de ver el lado positivo. En ese momento, usted ganaría poder para luchar contra la ira y conquista. Dejar de lado toda amargura por cosas que no pueden ayudarle en su vida y centrarse en las cosas que usted puede ayudar. Los trabajos en que crecen y ver la satisfacción y la felicidad.

Sea realista y Preparados

Una bella modelo fue firmado para una película "seria" y tuvo que quedarse calvo de la pieza. En el espíritu de profesionalismo, se fue calva y se presentó en el set de la película sólo para encontrar gente, literalmente, abriendo la boca a la forma en que estaba. Herida y enfadada que cayeron fuera de la película y casi mataron a su carrera de modelo así.

¿Por qué se enoja y reacciona negativamente? Debido a que no estaba preparada para la reacción de la gente. Ella pensó que la gente vería este movimiento loable y estarán en todo su bañándola con atención y elogios debido a la dedicación extraordinaria a su recién encontrado profesión. No creía que iban a mirarla como un modelo primero y luego como actor.

que había sido preparado de manera realista para las reacciones, se habría podido tomar en su paso, mientras se centra en el papel bueno y la oportunidad de brillar como actriz. En su lugar, se centró en el lado negativo y reaccionó de forma destructiva.

Hay que ser realista acerca de las cosas que tienen y los que no tienen. También es necesario ser práctico y no crítico. Conocer sus limitaciones es quizás la mayor calidad posible que una persona podría tener. Estar preparado para las reacciones negativas es una manera excelente para frustrar la ira.

Si usted está preparado, usted sabe cómo reaccionar. Además, se sabe que en el largo plazo, el esfuerzo y el sacrificio valen la pena -y de repente los puntos negativos ya no son tan difíciles de aceptar y poner detrás de usted.

En caso de duda sobre cualquier cosa que usted quiere hacer, pregunte a su familia y amigos para darle una crítica. Buscar la opinión de aquellos que no tienen miedo a decir la verdad a la cara o en el ejercicio sería contraproducente.

Capítulo 16: El mantenimiento de vínculos sociales significativas

Tan pronto como salga de la situación, encontrar su amigo de confianza, compañero de trabajo o miembro de la familia. Compartir con ellos su frustración, y descomponerlo paso a paso lo hizo enojar y cómo se siente. Esto es más importante para aliviar la tensión, porque a menudo verbalmente indicando lo que le molesta, sólo tiene que llegar a la conclusión de que no es un gran problema. Al escuchar a sí mismo hablar le dará una perspectiva diferente de las cosas.

Contar con la ayuda de amigos y gente de apoyo en su vida para que puedan ayudar a combatir el cólera. Apoyarlos a cambio cuando están en necesidad de ayuda o compañía. Usted encontrará que usted no es el único problema que enfrenta. Esto también puede calmar sus nervios como se entere de que su problema puede ser minúsculo en el gran esquema de las cosas.

CONCLUSIÓN

La ira puede ser una emoción positiva cuando se aprende de ella y utilizarla de manera constructiva. Este libro le ha dado toda la información que necesita tener una mejor comprensión de la ira y todas las otras emociones, para el caso, y domesticarlo para que pueda utilizarlo positivamente.

En última instancia, la decisión de utilizar estas estrategias es la suya. Si quieres vivir una vida más significativa, la vida más feliz, libre de ira, empezar a aplicar estas estrategias hoy!

La ira puede ser una emoción natural y necesario, pero nunca se debe dejar que se consumen. Esto es exactamente lo que espero que haya aprendido a través de la duración de este libro.

El manejo de su ira es muy necesario si se quiere vivir una vida normal, saludable y satisfactoria con sus relaciones personales y profesionales intacta.

Estoy seguro de que he aprendido más que suficiente en este libro para que pueda empezar en el camino a una vida libre de rabia. Como extra, este libro también le ayudará el estrés y la ansiedad conquista si ha estado tratando con ellos.

Una cosa que quiero que se lleva de este libro es que la ira es una emoción normal y saludable, que nunca se debe ignorar, suprimir, o expresar de forma destructiva. Siempre encontrar maneras de expresar su ira en los más saludables y la mayoría de formas expresivas posible.

CPSIA information can be obtained
at www.ICGtesting.com
Printed in the USA
BVHW050157060321
601818BV00006B/755